中小企業の節税へのヒント

使える「税務の特例」教えます！

菊谷正人〔監修〕

肥沼　晃
一由俊三
佐野哲也　〔著〕
齋藤一生

中央経済社

は　し　が　き

　国内企業全体の99％以上、従業員数の７割弱を占める中小企業は、日本経済を支える重要な役割を果たしています。

　中小企業が持つ付加価値の高い技術力・人材の活用、中小企業の健全な発展なしには、日本経済の成長は期待できません。

　今や、黒字経営であっても、後継者不在のために廃業に追いこまれる危機にも瀕しています。

　このような状況を放置すれば、マクロ経済的な試算では、650万人の雇用と約20兆円のGDPが喪失する可能性があり、経済的なインパクトは甚大です。

　国は平成20年５月９日に「中小企業における経営の承継の円滑化に関する法律」を可決・成立させ、①事業承継対策（相続税法における納税猶予等）、②株式分散対策（民法における遺留分特例）、③資金需要対策（金融支援）によって中小企業が抱える深刻な問題に対応してきました。

　もちろん、中小企業の経営者も事業継続のために努力を重ねられ、販売促進・コストリダクション（費用削減）に智慧を絞っておられると思います。

　費用削減の一つとしてよく引き合いに出されるのが、節税対策でしょう。一方的な支出を求められる税金は、経営者の最大の悩みでしょう。

　税法の規定には複数の方法が認められており、最も有利な税務処理を選択することにより節税できるものがたくさんあります。

　その節税対策のためには、法人税法等の規定や法人税算定等の仕組みを理解する必要があります。

　中小企業の経営者や経理責任者の中には、ちょっとした税務処理のミスで

莫大・無駄な税金を支払う破目に陥った経験をされた方もいらっしゃると思います。

経営者や経理責任者は、税金について日夜頭を抱えていることでしょう。

ときには、「うちの税理士は堅いばかりで頼りにならん。」とのボヤキも聞こえてきます。いい税理士はいっぱいいるのですが……。

ぼやいているばかりでは、税金は軽減することはできません。社員全員が、自分や会社の税金に気を配り、会社全体で節税対策に備える必要があるのです。

従業員も、自分の担当部署に係る税金に関して知り、会社全体で節税対策に貢献する必要があります。

たとえば、「交際費」は、大企業では損金の額に算入されず節税にはなりませんが、中小企業では節税につながることはご存じのことと思います。

しかし、年間800万円まで損金算入できる制度のほかに、交際費のうち接待飲食費の50%相当額を損金の額に算入できる制度があるのをご存じでしょうか？

また、中小企業に限らず、記録方法などの条件を満たすと１人当たり5,000円以下の飲食費は交際費とならないことをご存じでしょうか？

バブルがはじける以前は、交際費枠を増やすために会社を数社に分けて経営する方法が流行ったことがありましたが、交際費のためにそんな方法を採用していては、経営が成り立ちません。

もし、会社の営業担当者や販売員が交際費に係る法人税法の規定を知っていれば、交際費を有効に使い、マーケティングをスムーズにできることでしょう。

このほかに、設備投資についてはいろいろな「特別償却」が認められていますが、選択肢に「税額控除」が認められている場合があります。

　「特別償却」は「納税延期の効果」を発揮し、とても節税効果がありますが、「税額控除」には「永久免税の効果」があり、「特別償却」よりも節税効果が高いのです。

　ここに、借入して購入するのがいいか、リースを活用するのがいいか、特別償却を採用するのがいいか、税額控除を採用するのがいいか、はたまた、経理方法は「直接償却方式」がいいか、「積立金方式」がいいか、たくさんの選択肢が存在します。

　この選択肢により、節税はおろか決算書の「見栄え」も違ってきます。銀行の信用を勝ち取るには、決算書の「見栄え」は重要な要素です。

　税理士からこのようなアドバイスをもらっていますか？

　いい税理士は、労力を惜しまず適切なアドバイスをしてくれますが、多くの税理士からこのようなアドバイスを引き出すには、経営者や経理責任者のチョットした一言が必要になります。

　製造会社の製造担当者・設備購入担当者がこのような優遇措置や選択肢を事前に知っていれば、減税効果策を有効に活用できるでしょう。

　コロナ禍により減収・減益となっている経営状況下では、収益増進とともに費用削減策にも智慧を絞るべきでしょう。

　適正な節税対策も、ポストコロナを生き抜くための術として費用削減のために貢献できるはずです。

　本書は、中小企業の経営者のために、賢い節税対策を事前に知って頂くように、法人税法の規定や仕組みについて、必要最低限の重要事項を簡潔に解説しています。

　経営者のみならず、会社全体で節税意識を持って頂けるように、従業員の方にも分かり易く法人税に関する基礎知識を理解して頂くのが本書の目的です。

これから法人設立を考えている方にとっても、法人税の基礎知識は必須となりますので、本書は大いにお役に立てると思います。

　本書を通読・独習することによって、法人税法の基本的事項を身につけ、会社の節税対策に貢献して頂けることを切に希求する次第です。

　本書上梓に際しては、中央経済社の方々、とりわけ編集・校正に多大な協力を賜った秋山宗一氏の御厚情に対し、深い謝意を表したい。

令和3年如月立春

監修者記す

目　　次

第1章

法人税と法人の種類を整理しましょう

<table><tr><td>1-1</td><td>法人税ってどんな税金ですか？</td></tr></table>

法人税とは，株式会社などの「法人」に対し，その所得金額に課税される「国税」です。

法人の各事業年度における**所得金額**は，その事業年度の「益金の額」から「損金の額」を差し引いた金額です。

所得＝利益ではありませんし，益金＝収益または損金＝費用ではありません。この違いを知ることが，法人税法を理解する第一歩です。

各事業年度の所得金額を計算する場合，**益金の額**および**損金の額**は，「別段の定め」（後述されます）を除き，「一般に公正妥当と認められる会計処理の基準」（企業会計原則，企業会計基準，中小企業の会計に関する指針，中小企業の会計に関する基本要領，会社法計算規定等を指します）に従って計算されます。

法人の所得金額の計算は，原則として，企業利益の算定技術である「企業会計」の利益額に基づいていることになります。

企業会計における「利益額」（＝収益の額－費用の額）も法人税法における「所得金額」（＝益金の額－損金の額）も，売上高などの収益の額からその売上原価および販売費・一般管理費その他の費用・損失を差し引いて算定されます。

ただし，法人税法における所得金額は，**担税力**（租税を負担する能力をい

います）に応じた課税の公平性，財政収入の確保，経済政策，徴税上の便宜
などを考慮に入れて設定されていますので，両者は必ずしも一致するわけで
はありません。

　わが国の「法人税法」では，規則的・反復的収入ばかりではなく，無償に
よる資産の譲受け等の臨時的・非反復的収入（経済的利益の増加）も所得金
額に含められています。

1-2 タダで資産を渡しても益金の額に算入されます !!

　法人税法の「別段の定め」があるものを除き，**益金の額**に算入すべき金額
は，次に掲げる 5 つの収益です。
　(a)資産の販売に係る収益の額
　(b)有償または無償による資産の譲渡に係る収益の額
　(c)有償または無償による役務の提供に係る収益の額
　(d)無償による資産の譲受けに係る収益の額
　(e)その他の取引で資本等取引以外のものに係る収益の額
　具体的には，前記(a)の資産の販売に係る収益の額とは，商品・製品等の「棚
卸資産」の販売による収入です。

　前記(b)の「有償または無償による資産の譲渡」における**譲渡**（臨時的・一
時的資産譲渡）には，一般の売却のほかに，贈与，交換，収用等，代物弁済
等による譲渡も含まれます。

　有償による資産の譲渡に係る収益には，土地・建物等の「固定資産」や「有
価証券」等の売却による収入などがあります。

　なお，無償（タダ）による資産の譲渡に係る収益が，資産の贈与者側でも
「益金の額」として算入されますので，注意を要します。

　(c)の「有償または無償による役務の提供による収益」も資産の販売または

譲渡の場合と同様に，役務（サービス）の提供時の「公正な価額」をもって益金に算入されます。

(d)の無償（タダ）による譲受けによって取得した資産（**無償取得資産**）については，当該資産の取得のために通常要する価額（時価）をもって取得価額とし，同額が**受贈益**として「益金の額」に算入されます。

(e)の「その他の取引で資本等取引以外のものに係る収益」には，企業会計上の資本剰余金のうち，国庫補助金・工事負担金・保険差益・私財提供益・債務免除益，法人税法上認められる評価益，引当金の戻入益等があります。

法人税法上，「益金の額」（または「損金の額」）に影響を与える**資本等取引**とは，対資本主取引に限られます。

資本主との取引に関係のない「その他の資本剰余金」は，税法上，「益金」として取り扱われ，原則として課税対象となります。

これらの「益金の額」は，出資者の観点からは自己の拠出によらない「経済的価値の増加」であり，課税対象となっています。

つまり，「益金の額」とは，純資産の増加の原因となる収入額その他の経済的価値の増加額です。

1-3　売上原価や販売費は損金の額に算入されます！

損金の額に算入すべき金額は，「別段の定め」があるものを除き，次に掲げる額です。

(f)売上原価，完成工事原価その他これに準ずる原価の額

(g)販売費，一般管理費その他の費用

(h)損失の額で資本等取引以外の取引に係るもの

具体的には，上記(f)の「売上原価」とは，商品・製品等の売上高に対応する原価であり，「完成工事原価」とは，建設業の請負に係る売上高（工事収益）

に対応する原価です。

「その他これに準ずる原価」には，固定資産・有価証券等の「譲渡原価」，役務提供を本業としている場合の役務の提供に係る原価などが含まれます。

(g)の販売費，一般管理費は，企業会計と同様に，販売・一般管理業務に係わり，当該事業年度の売上高と期間的に対応する費用です。

「その他の費用」は，営業外費用のことであり，これには支払利息・割引料，社債利息などが含まれますが，償却費以外の費用で，「債務」が確定していないものは除きます。

このように，損金には，広く企業会計における費用・損失が含まれますが，費用が損金の額に算入されるためには，事業遂行上の「必要性」が満たされれば十分であり，「通常性」までは必要とされていません。

1-4 所得金額の計算の仕組みはどうなっていますか？

企業会計処理と異なる税務処理事項を**別段の定め**といい，①益金算入項目，②益金不算入項目，③損金算入項目および④損金不算入項目があります。

益金算入項目とは，企業会計では収益として処理されませんが，課税所得の計算上は益金に算入できる項目です。

たとえば，国庫補助金・工事負担金・保険差益などの「その他の資本剰余金」等がこれに該当します。

益金不算入項目とは，企業会計では収益として処理されますが，課税所得の計算上は益金に算入しない項目です。たとえば，受取配当等がこれに該当します。

損金算入項目とは，企業会計では費用として処理されませんが，課税所得の計算上は損金に算入できる項目です。

たとえば，青色申告の場合の繰越欠損金，国庫補助金等の圧縮記帳損など

がこれに該当します。

　損金不算入項目とは，企業会計では費用として処理されますが，課税所得
の計算上は損金に算入できない項目です。

　たとえば，減価償却費の過大計上額，貸倒引当金の過大引当額，交際費等
の損金不算入額，罰金・科料などがこれに該当します。

図表1−1　益金算入・益金不算入項目と損金算入・損金不算入項目

「別段の定め」項目	具 体 的 な 項 目
益金算入項目	保険差益，国庫補助金受贈益，工事負担金受入益など
益金不算入項目	受取配当等，資産評価益など
損金算入項目	国庫補助金等の圧縮記帳損，繰越欠損金など
損金不算入項目	交際費等，減価償却費の過大計上額，貸倒引当金の過大計上額，資産評価損，罰金・科料など

　このように，企業会計上の当期純利益を法人税法の「別段の定め」に従っ
て加減調整し，所得金額を計算する税務経理を**税務調整**といいます。

　法人は，各事業年度終了日の翌日から2か月以内（会社法上の**大会社**（資
本金が5億円以上または負債が200億円以上の株式会社）には3か月以内）
に確定申告を行う必要があります。

　その確定申告期限までに開催される株主総会等で承認された**決算利益**（確
定利益）に基づいて税務調整を行い，**課税所得**を計算することになります。

所得金額＝（収益額＋益金算入額−益金不算入額）−（費用額＋損金算入
　　　　　額−損金不算入額）

　　　　＝当期純利益＋益金算入額−益金不算入額−損金算入額
　　　　　＋損金不算入額

つまり，企業会計の領域で計算する「利益＝収益－費用」に，税の視点により税務調整して計算した結果が「所得＝益金―損金」であると理解すれば大丈夫です。

企業会計上の**決算利益**に基づいて税務調整を行い，税法上の**課税所得**を計算する制度は，**確定決算主義**と呼ばれています。

決算利益と課税所得との差額は，「法人税申告書」を構成する別表四「所得の金額の計算に関する明細書」で加減調整されます。ですから，別表四は，税務上の「損益計算書」と呼ばれています。

図表 1 － 2 別表四「所得の金額の計算に関する明細書」の仕組み

当期利益又は当期欠損の額	
加算	損金不算入額
	益金算入額
	（小　計）
減算	損金算入額
	益金不算入額
	（小　計）
その他	
所得金額又は欠損金額	

1-5　　法人税計算の仕組みはどうなっていますか？

法人の決算利益に税務調整を行った結果の所得金額から，さらに，経済・社会政策等により一定の**所得控除**を行うことができます。

「税務調整後の所得金額」から「所得控除」を控除した残額が，**各事業年**

度の所得金額となるのです。

　各事業年度の所得金額＝税務調整後の所得金額−所得控除

　各事業年度の課税所得金額に**法人税率**を適用して，**算出税額**が算定されます。

　ただし，税率は法人の形態・規模（たとえば，大法人と中小法人）や所得の種類（たとえば，収益事業所得と公益事業所得）によって異なります

　算出税額＝各事業年度の所得金額×税率

　このように計算された算出税額が，直ちに**納付税額**となるのではありません。

　さらに，各種の**税額控除**が差し引かれ，最終的な法人税額が算定されることになります。

図表 1 − 3　法人税の基本的計算構造

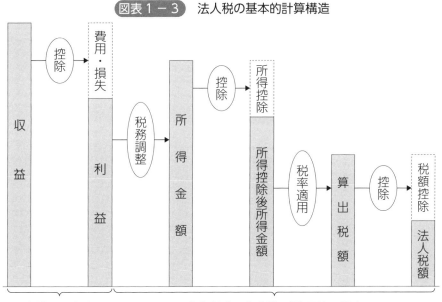

「税額控除」は，①租税特別措置法による特別控除，②法人税法による特別控除（仮装経理に基づく過大申告の更正に伴う法人税額控除および二重課税回避のための所得控除・外国税額控除）に分けられます

納付税額＝算出税額－税額控除

　したがって，法人税の節税対策は，複数の税務処理の中から最も有利となる税務処理を選択し，益金の縮小計上・繰延べや損金の拡大計上・前倒しを図るとともに，軽減税率や所得控除・税額控除を積極的に活用することが中心になります。

　当該事業年度に「益金の額」を低く抑えたり，計上時期を次年度以降に延ばすことによって「各事業年度の所得金額」は圧縮でき，自動的に法人税額を減額できます。

　同様に，当該事業年度に「損金の額」を多めに計上したり，計上時期を当該事業年度に早めることによって「各事業年度の所得金額」は圧縮でき，自動的に法人税額を減額できます。

　さらに，所得金額から控除できる「所得控除」を利用したり，**中小法人**は法人税額を計算する場合に「軽減税率」を適用すれば，法人税額は減額でき

図表1－4　法人税の節税手法

節税手法の区分	節税手法の具体的内容
法人税の免除	投資税額控除など
益金の縮小化	売上・受取手数料等の収益の額の遅延計上など
損金の拡大化 （課税繰延措置）	特別償却・割増償却，圧縮記帳損の計上，準備金の損金算入，交際費等の損金算入，欠損金の繰越控除など
優遇税率の適用	中小法人に対する軽減税率の適用
法人税の還付	中小法人に対する欠損金の繰戻還付

ます。

　その後，「租税特別措置法」による「税額控除」を活用することによって納税額は低く抑えることができます。

1-6　法人税法における法人とは？

　法人税の納税義務者となる**法人**は，法人税の納税義務の範囲・税率の適用を区分するために，公共法人，公益法人等，協同組合等，人格のない社団等および普通法人に区分されています。

　公共法人とは，地方公共団体，独立行政法人，国立大学法人，日本中央競馬会，日本放送協会等，公共的性格を有する法人です。

　公共法人には，法人税の納税義務がありません。

　公益法人等とは，学校法人，宗教法人，日本公認会計士協会，日本商工会議所，日本税理士会連合会，日本赤十字社，日本弁護士連合会，農業協同組合連合会等，公益的事業を目的とする法人です。

　公益法人等の所得は非課税ですが，物品販売業，金銭貸付業，不動産貸付業，製造業，運送業，出版業，旅館業，料理店業，駐車場業等，34業種の**収益事業**から生じた各事業年度の所得に「低税率課税」が行われます。

　協同組合等とは，漁業協同組合，商店街振興組合，消費生活協同組合，森林組合等，相互扶助を目的とする法人です。

　協同組合等には，すべての所得に「低税率課税」が行われます。

　人格のない社団等とは，法律に基づいて設立された法人ではありませんが，法人税法では法人とみなされる社団または財団です。ただし，代表者または管理人の定めがあるものをいいます。たとえば，学校の同窓会やPTA，学会，クラブ等が該当します。

　「人格のない社団等」の所得は非課税ですが，**収益事業**から生じた各事業

年度の所得には「普通税率課税」が行われます。

普通法人とは，公共法人，公益法人等，協同組合等以外の法人をいい，人格のない社団等を含みません。

普通法人は営利を目的とする法人であり，株式会社，合同会社等がこれに該当します。

普通法人のすべての所得に対しては，「普通税率課税」が行われます。

ただし，**中小法人**に対しては，担税力の脆弱性（ぜいじゃくせい）・中小企業保護等のために，「軽減税率の設定」のほかに，さまざまな減税措置（租税優遇措置）が施されています。

図表1−5 法人の区分と課税所得の範囲・税率

法人の区分	各 事 業 年 度 の 所 得	
公共法人	納 税 義 務 な し	
公益法人等	納税義務なし	収益事業には低税率課税
協同組合等	低 税 率 課 税	
人格のない社団等	納税義務なし	収益事業には普通税率課税
普通法人	普通税率課税	中小法人には軽減税率利用

1-7 中小法人，中小法人等，中小企業者，中小企業者等とは？

法人税法では，いわゆる「中小企業」の枠組をさまざまな場面で使い分けしています。

ですから，適用する規定がどの枠組みで適用させているかに留意することが重要になります。

「中小法人」か「中小企業」か，「等」が付いているかいないかに気を付けましょう。

　普通法人のうち，期末の資本金または出資金の額が1億円以下である普通法人を**中小法人**といいます。

　なお，資本または出資を有しない普通法人である場合には，期末において下記に該当する普通法人は**中小法人**から除外されます。

(1)　大法人との間に当該大法人による完全支配関係がある法人

　　ここに**大法人**とは，資本金または出資金の額が5億円以上である法人，相互会社もしくは外国相互会社または受託法人をいいます。

　　ただし，これらの法人のうち常時使用する従業員の数が1,000人を超える法人に限られます。

　　なお，「完全支配関係」とは，発行済株式または出資の総額の全部を直接または間接に所有する関係をいいます。

(2)　「完全支配関係」のある複数の大法人に発行済株式等の全部を直接または間接に所有されている法人

　中小法人等とは，前記「中小法人」のほかに，「公益法人等又は協同組合等」と「人格のない社団等」を含めた総称です。

　なお，相互会社，受託法人，投資法人，特定目的法人は，「中小法人」および「中小法人等」から除かれます。

　中小企業者とは，下記(a)および(b)に掲げる法人をいい，**中小企業者等**とは(a)から(c)に掲げる法人をいいます。

(a)　期末の資本金または出資金の額が1億円以下である普通法人

　　ただし，次に掲げる法人は「中小企業者」に該当しません。

　(イ)　同一の「大規模法人」の100%子法人，100%グループ内の複数の大法人に発行済株式等の全部を所有されている法人に発行済株式等（自己株式等を除きます）の2分の1以上を所有されている法人

　　ここに**大規模法人**とは，資本金または出資金の額が1億円超である法人，資本または出資を有しない法人のうち常時使用する従業員の数が1,000人を超える法人，大法人を意味します。

㈹　２以上の「大規模法人」に発行済株式等（自己株式等を除きます）の３分の２以上を所有されている法人

(b)　資本または出資を有しない法人のうち，常時使用する従業員の数が1,000人以下である法人

(c)　農業協同組合等

　前述しましたように，**中小法人・中小企業者等**に対しては，さまざまな「租税優遇措置」（減税措置）が設けられています。

1-8 青色申告法人になるためには？

　節税のために色々な優遇制度を受けるには，「青色申告」を行うことが基本中の基本です。

　法人税には，自ら課税所得の金額を計算し，それに対する税額を算出し，これを申告・納付しなければならない**申告納税制度**が採用されています。

　青色申告制度は，「シャウプ勧告」に基づいて昭和25年税制改正において，正しい帳簿書類等の備付け，その整理保存を通じて適法な法人税額の申告を期待する趣旨のもとで導入されました。

　「青色申告書」で申告できる法人を**青色申告法人**といい，「白色申告法人」には認められない各種の特典（**租税優遇措置**）が与えられています。

　そのために，**青色申告**は税務署長の承認を受けなければなりません。新設法人は，届出期限内に届ければ承認されますので，登記が終わったら，まず青色申告などの税務届出を行いましょう。

　青色申告の承認申請書の提出期限は，原則として，「青色申告」の承認を受けようとする事業年度の開始日の前日です。

　青色申告法人になるためには，次のような要件を満たさなければなりません。

①　一切の取引を「複式簿記の原則」に従って，整然かつ明瞭に記録する必要があります。

②　仕訳帳，総勘定元帳その他必要な帳簿を備え，それに基づいて決算を行わなければなりません。

③　貸借対照表・損益計算書を作成する必要があります。

④　帳簿書類を5年間（たとえば，注文書・契約書・送り状・領収書に対して）または7年間（たとえば，帳簿，貸借対照表，損益計算書に対して）整理保存する必要があります。

なお，確定申告書の提出期限から5年を経過した日以後の帳簿書類の保存については，マイクロフィルムに保存する方法も認められています。

1-9　青色申告法人に認められている租税優遇措置とは？

青色申告制度では，正確な帳簿書類を備え付けた**青色申告法人**に対して，法人税法・租税特別措置法・国税通則法が**青色申告の特典**として租税優遇措置（減税措置・手続き簡素化など）を認めています。

たとえば，「法人税法」では，①欠損金の翌期以降10年間の繰越控除，②欠損金の繰戻し還付などが適用できます。

「租税特別措置法」では，①特別償却または割増償却，②特別償却不足額の1年間繰越し，③準備金方式による特別償却，④準備金等の損金算入，⑤新鉱床探鉱費または海外新鉱床探鉱費の所得控除，⑥特定の資産を取得した場合における投資税額控除などが認められています。

「国税通則法」の規定では，更正があった場合における「異議申立」と「審査請求」の任意選択が行使できます。

このように，一定の要件を満たして青色申告書を提出できる青色申告法人になれば，減税措置を含む租税特典を享受できます。

節税対策のためには，**中小法人**であっても是非とも「青色申告法人」になる必要があります。

1-10　法人税の徴収機関とは？

　課税権者（租税を賦課・徴収できる課税権の主体をいいます）を基準にして，国にあれば**国税**，地方公共団体（都道府県と市町村の総称）にあれば**地方税**に分けられます。

　「地方税」は，さらに道府県税と市町村税に分けられますが，東京都の場合，都税は道府県税，区税は市町村税に該当します。

　法人税，所得税，相続税，消費税等の国税を徴収する機関は「国税庁」であり，財務省の外局として位置づけられています。

　国税庁は，国税に関して執行する「国税局」を直接指揮・監督する官庁です。

　国税局は，東京，関東信越，大阪，札幌，仙台，名古屋，金沢，広島，高松，福岡および熊本の11局に分かれ，沖縄県には沖縄国税事務所が置かれています。

　国税局および沖縄国税事務所は，管内の税務署（524署）を指揮・監督することになっています。

　なお，国税庁長官は，国税局長・税務署長に対して租税法に関する逐条的解釈・取扱を示す「通達」を発遺しています。この通達を上手に利用するのが節税の基本戦術です。

　通達とは，上級行政庁が法令の解釈・税務行政の運用方針に関して下級行政庁の権限行使を指図する命令書であり，「執行通達」と「解釈通達」があります。

　執行通達は租税に関する行政事務の執行の命令であり，**解釈通達**（取扱通達）は国税庁長官が税務官庁（国税局・税務署）に対し租税法に関する逐条

的解釈・取扱基準を示す命令です。

「解釈通達」には，全国統一的な解釈・運用を図る**基本通達**および個々の問題に関する法律の解釈を示す**個別通達**があります。

「通達」は，下級行政庁またはその職員を拘束するものであり，納税者には拘束するものではありません。

しかし，租税に関する通達は，租税に関する詳細な具体的指針・基準となって税務署職員により活用されていますので，実務的には法令と同等の法的拘束力を持っています。

前述しましたように，法人税（国税）に対しては，納税義務者が自らの課税標準を計算し，その税額を算出し，これを申告・納付する**申告納税制度**が採られていますので，実務上のガイドラインとなる「通達」を理解することは法人にとって必要不可欠・重要な作業です。

なお，法人でも納付しなければならない道府県民税・事業税・固定資産税等の「地方税」を徴収する機関は各都道府県・市町村であり，地方税は各地方団体から賦課・徴収されます。

地方税法では，納税義務者・納税額を確定し，納税を告知することを**賦課**といい，告知後における地方税の完納までを**賦課徴収**と呼んでいます。

地方税法により規定される地方税の賦課徴収を行う権限は各地方公共団体の長にありますが，実際には，任命された徴税吏員（職員）が賦課徴収を行っています。

これらの地方税の仕組みを熟知することも，節税対策の重要なひとつになります。

第2章

益金算入と益金不算入の判断は
計上時期に注意しましょう

2-1　商品を引き渡したときに売上高を計上します！

　決算日前後に商品を販売した場合，売上高を当期の売上（益金）に算入するのか，翌期に延ばして売上計上するのかは，実務上，悩ましい問題です。

　税務調査の視点の第一は，「売上の計上漏れはないか」ですから，この点は「税務調査対策」の最も重要なポイントになります。「税務調査対策」は，節税策の主戦場です。

　節税対策のために当該事業年度の所得金額を縮小したい場合には，翌期の益金に延期計上したいと考えるでしょう。

　しかし，自由に益金計上時期を選択できるわけではなく，入金時点で益金計上するわけでもありません。益金の計上時期についてはさまざまな規定が置かれています。

　企業会計上，収益は**実現主義**（物品・サービスの提供と同時にその対価として貨幣性資産を受け取ったときに収益を計上する「収益認識基準」）によって計上されます。

　法人税法上は，原則として，収益は企業会計の「公正処理基準」（すなわち「実現主義」）に基づいて「益金の額」に算入されます。

　法律的には，民法において，収益の計上には「権利確定主義」が認められています。

　権利確定主義は，「売買契約の効力の発生日」をもって権利の成立時点と

しますので，収益は，法的に債権として請求し得るもの（債権の確定）をもって計上しなければなりません。

　しかし，法人税法上，「債権の確定」に関する明文規定がありません。

　「公正処理基準」では，商品・製品等の販売（引渡し）の時点に益金の額が計上されますので，「売買契約の効力の発生日」ではなく，「資産の所有権の移転」とそれに伴う「代金請求権の確定」が生じた引渡しの時点に，「権利の確定」が成立したとみなされます。

　つまり，法人税法では，商品・製品等の棚卸資産の販売による収益の額は，その引渡しがあった日の属する事業年度の「益金の額」に算入することになっています。これを**販売基準**または**引渡し基準**といいます。

　たとえば，契約上の請求書作成の締め日後であっても，決算日前に納品したものや業務が完了したものは，販売基準により売上とされ，「売上計上漏れ」と指摘されますので，最大限に注意しましょう。

　期末売上高の計上時期に関しては，税務調査では細かくチェックされますので，最新の注意を払って経理することが大切です。

2-2　売上高の計上にはいろいろな益金算入時期があります！

　ここで**引渡し**がいつの時点であるのかが問題となりますが，法人税法では，次のいずれかの時点であれば「益金の額」に算入することが認められています。
① 相手方の注文に応じて商品等を出荷したときに引渡しがあったとする**出荷基準**
　(a) 店頭または倉庫等から出荷したとき（**出庫基準**）
　(b) 船積みまたは貨車積みした（すなわち，船荷証券・貨物引換証の有価証券を発行した）とき（**荷積み基準**）
　(c) 相手方の受入場所に搬入したとき（**搬入基準**）

② 相手方が商品等を検収して，引取りの意思表示をしたときに引渡しがあったとする**検収基準**

③ 機械・設備等の販売の場合，当該資産の設置が完了し，取引相手が使用して収益を得ることができるとき，引渡しがあったとする**使用収益開始基準**

④ 林，原野のような土地（または土地上に存する権利）であり，引渡日がいつであるか明らかでないときは，(イ)代金の相当部分（おおむね50％以上）を収受した日と(ロ)所有権移転登記の申請日（登記申請に必要な書類を相手方に交付した日を含みます）のいずれか早い日

会社は，これらの中から自社にとって適切な基準を選定することになりますが，いったん採用した基準は毎期継続して適用する必要があります。

前述しましたように，節税対策のためには，なるべく売上高を翌期に延ばして当該事業年度の所得金額を縮小する方がよいのですが，「売上計上漏れ」は，「重加算認定」に直結しますので，当社の売上計上基準は何かを営業サイドとよく確認しておくことが必要です。

> ### 2-3　特殊な販売形態における売上高の計上時期とは？

(1)　販売を委託した場合には売上計算書が届いてから益金算入してもいい！

商品の販売を他社（受託者）に依頼する**委託販売**では，原則として，受託者販売時の**販売基準**によって売上高は計上されます。

商品（委託品）を受託者に積送（引渡し）した時点ではなく，受託者が当該委託品を販売した日をもって収益計上時期とされます。

ただし，売上のつど売上計算書が作成・送付されている場合には，継続的適用を条件にして，売上計算書の到達日の属する事業年度の益金に算入する<ruby>仕切精算書<rt>しきりせいさんしょ</rt></ruby>到着日基準も認められています。

　節税対策のためには，なるべく売上高を遅延計上できる「仕切精算書到着日基準」を採択する方がよいでしょう。

(2)　試用販売では買主の買取意思表示が必要です！

　商品を買主の希望によって引き渡した後に，商品の買主が当該商品を一定期間に試験的に使用できる**試用販売**では，税務上，買主が買取りの意思表示を行った時点に収益を計上します。これを**買取意思表示基準**といいます。

　ただし，契約で売主が買主の買取意思表示の期間を定め，その期間内に返答がない場合には，買取意思があったものとして取り扱われ，契約で定められた期限を過ぎた日に属する事業年度の益金に算入されますので，注意を要します。

(3)　商品を予約された場合には商品の引渡時に益金算入します！

　事前に予約金を受け取り，後に商品を引き渡す**予約販売**では，予約金を受け取っても収益を計上できません。

　実際に商品を引き渡したときに，収益計上します。つまり，商品引渡時の**販売基準**により，売上高は計上されます。

　したがって，予約金のうち，決算日までに商品の引渡しが完了した分だけを当期の売上高に計上できます。

　商品を引き渡した日の属する事業年度の益金の額に算入することになりますので，決算日前後に「予約販売」を行う場合には，売上高を当期の益金に算入するのか，節税対策のために翌期に延ばして益金計上するのかを考慮する必要があります。

(4)　割賦販売も商品の引渡時に売上高を計上します！

　月賦払い・年賦払いなどの方法で代金の分割払いを受ける「定型的約款」（賦払金の額，履行期日等を定めた契約条項）に基づいて不特定多数の者に販売する形態を**割賦販売**といいます。

　割賦販売に対しても，税務上，通常の販売収益と同様に**販売基準**が適用されます。

ただし，金利相当分について区分経理する等の実態がある場合には，割賦金の支払期日が到来するごとに収益を計上する**履行期日到来基準**（権利確定主義による基準）を採用できます。

(5)　**商品引換券等を発行した時点で益金算入します！**

　企業会計上，商品券，ビール券，仕立券等（商品の引渡しまたは役務の提供を約した証券等であり，税法上，**商品引換券等**といいます）を発行した場合，現実に商品の引換えがあるまでは商品引換券等の代価を「預り金」として処理します。

　しかし，商品引換券等の代価は確定収入であり，将来取り消されることはなく，引換えが長期にわたり，場合によっては永久に引き換えられないものもありますので，税務上，預り金経理は弊害となります。

　法人税法では，原則として，発行事業年度の益金に算入する**発行時収益計上法**が適用されます。

　ただし，商品引換券等を発行年度ごとに区分管理している場合に限り，特例処理として，商品等との実際の引換額を益金に算入する**引渡時収益計上法**が適用できます。

　このように商品引換券を発行する場合には，経理側で注意喚起することが必要になります。

　売上高を延期計上し，当該事業年度の所得金額を縮小するためには，「引渡時収益計上法」を適用する方がよいでしょう。

　商品引換券とは異なりますが，昨今の「地域振興券」やクーポン券などは，現金等価物とされますので，現金化され口座に入金した時ではなく，商品を引き渡したとき売上計上することが求められますので，注意しましょう。

(6)　**工事請負の規模等によって工事完成基準・工事進行基準・部分完成基準が法定されています！**

　長期工事の請負とは，他の者の求めに応じて行う工事（製造を含みます）で，その着手日から当該他の者と締結した契約に定められている目的物の引渡期

日までの期間が1年以上であるものをいいます。

　目的物の引渡しを要する請負契約には，船舶，ダム，橋梁，建物等の建設工事等があり，税法上，「工事完成基準」，「部分完成基準」および「工事進行基準」が認められています。

　建設業などでは，どの基準を適用するのかによって利益（所得）が大きく異なることになりますので，重要なポイントです。

　工事完成基準では，収益の額は，その目的物の全部を完成して相手方に引き渡した日の属する事業年度に益金の額に算入します。

　次のいずれかに該当する場合，建設工事等の全部が完成しないときでも，その事業年度に引き渡した建設工事等の量または完成した部分に対応する工事収入は，当該事業年度の益金の額に算入しなければなりません。

(a)　一の契約により同種の建設工事等を多量に請負った場合（たとえば，5棟のマンションの建設請負）で，その引渡量（たとえば，完成した3棟の引渡し）に従い工事代金を収入する旨の特約または慣習がある場合

(b)　1個の建設工事等（たとえば，10kmの道路建設）であっても，建設工事等の一部が完成し，完成部分を引渡したつど（たとえば，完成した2kmの道路の完成・引渡しのつど）その割合に応じて工事代金を収入する旨の特約または慣習がある場合

　この計上基準を**部分完成基準**といい，完成部分の引渡しという客観的事実・権利確定により，強制適用されています。

　長期大規模工事は，次の要件のすべてを満たす工事をいいます。

(a)　着手日から目的物の引渡期日までの期間が，1年（平成10年4月1日から平成20年3月31日までに締結した工事では2年）以上の工事

(b)　請負対価の額が10億円（平成10年4月1日から平成13年3月31日までに締結した工事では150億円，平成13年4月1日から平成16年3月31日までに締結した工事では100億円，平成16年4月1日から平成20年3月31日までに締結した工事では50億円）以上の工事

(c) 契約において，請負対価の額の2分の1以上が目的物の引渡期日から
1年を経過する日後に支払われることとされない工事

長期大規模工事の場合には，各事業年度の工事進行度を見積もり，工事収
益の一部を当該事業年度の収益として計上する**工事進行基準**が強制適用され
ます。

図表2−1　　工事請負の収益計上基準

工 事 の 種 類		収益計上基準
長 期 大 規 模 工 事		工事進行基準
目的物の引渡しが翌期以後となる工事	黒字となる工事	工事進行基準または工事完成基準
	赤字となる工事	工事完成基準
引き渡した目的物が部分的に完成した工事		部分完成基準
上 記 以 外 の 工 事		工事完成基準

⑺　サービスはサービス提供完了時に益金算入します！

物の引渡しを要しない請負契約による収益（**役務収益**）は，役務（サービ
ス）の全部を完了した日の属する事業年度の「益金の額」に算入します。こ
れを**役務完了基準**といいます。

ただし，次のような特殊な場合には，「役務完了基準」以外の基準で「益
金の額」に算入されますので注意が必要です。

① 機械設備等の販売に伴う据付工事収益の計上時点
　(イ)　据付工事を機械設備等の販売に伴う付帯的サービスと考え，機械設備
　　　等本体の販売と据付工事を一つの販売行為とみなす場合には，「据付工
　　　事に係る対価の額」を含む全体の「販売代金の額」は，機械設備等の「引
　　　渡しの日」の属する事業年度の益金に算入されます。

㋺　据付工事が相当な規模であり，その対価の額を契約その他（たとえば，見積書等）に基づいて合理的に区分できる場合には，機械設備等に係る「販売代金」の額と「据付工事に係る対価の額」とに区分して，販売代金は「引渡し基準」，据付工事収益は「役務完了基準」（すなわち**据付完了基準**）により収益計上することができます。

② 不動産の仲介・斡旋報酬の計上時点

　土地・建物等の売買，賃貸借等の仲介・斡旋報酬の額は，原則として，売買等に係る契約の効力が発生した日の属する事業年度の益金に算入します。

　実際には登記段階で改めて報酬の値引きを要求され，所有権移転登記の時点（取引完了日）で最終的な報酬の収受が完了する場合が多いので，継続適用を条件にして取引完了日の属する事業年度に益金算入できます。

③ 技術役務の提供に係る報酬の計上時点

　設計，作業の指揮監督，技術指導等の技術役務の提供により受ける報酬の額は，**役務完了基準**に基づいて益金に算入します。

　ただし，次のような事実がある場合には，部分的に収受すべき報酬の額が確定するつど，確定金額を確定日の属する事業年度に益金算入する**部分完了基準**が適用できます。

㋑　報酬の額が現地に派遣する技術者等の数・滞在日数等により算定され，かつ，一定期間ごとに支払いを受けています。

㋺　報酬の額が作業の段階（たとえば，基本設計と部分設計）ごとに区分され，かつ，それぞれの段階の作業が完了するつど，支払いを受けています。

④ 運送収益の計上時点

　運送収益は，「役務完了基準」に従って運送役務の提供を完了した日の属する事業年度に益金算入されます。

　ただし，運送契約，性質，内容等に応じ，継続適用を要件にして，次のような収益計上基準が認められています。

(a) **発売日基準**（乗車券，搭乗券，乗船券を発売した日）

(b) **集金基準**（自動発売機による乗車券等については集金した日）

(c) **積切基準**（航空機，船舶等による乗客・貨物については，積地を出発した日）

(d) **航海完了基準**（航海期間が4ヵ月以内である場合，一航海が完了した日）

(e) **日割・月割発生基準**（定期乗車券に適用される収益計上基準）

2-4 固定資産の譲渡による収益の計上時期と計上金額とは？

⑴ 有形固定資産をタダで渡した場合でも益金算入します！

「有形固定資産の譲渡」による収益は，原則として，「引渡日」に「益金の額」に算入されます。

ただし，土地，建物その他これらに類する有形固定資産を譲渡した場合には，「契約の効力発生日」に益金として処理することもできます。

この場合にも，決算日前後に有形固定資産を譲渡しているときは，益金算入時を遅くする方がよいでしょう。

ここで注意しなければならないことは，有形固定資産を無償（タダ）または著しく低額で譲渡した場合，資産の贈与者・譲渡者側では「公正な価額」により収益が実現したとみなされ，当該資産の贈与者・譲渡者側でもその公正価額が益金算入されることです。

有形固定資産の無償譲渡または低額譲渡を行った場合，通常の経済取引（有償による譲渡）を行い，公正な価額（時価）によって売却代金を受け取ったとみなされます。

その公正な価額を益金の額（**譲渡収益**）に算入するとともに，公正な価額との差額を直ちに譲渡先に贈与（寄附）したものとして，**寄附金**（譲渡先が

会社の役員であれば**給与**）として計上されますので，注意が必要です。

⑵　特許権等は譲渡契約日に益金算入します！

　工業所有権等（特許権・実用新案権・意匠権・商標権およびこれらの工業所有権に係る出願権・実施権）の譲渡または実施権の設定により受ける対価（使用料を除きます）の額は，原則として，譲渡または設定に関する契約の効力発生日の属する事業年度の益金に算入されます。

　ただし，登録が効力発生の要件とされる場合には，登録日の属する事業年度に益金算入できます。

　「工業所有権等」（または「ノーハウ」）を使用させたことにより支払いを受ける**使用料**の額は，原則として，その額が確定した日の属する事業年度の益金に算入します。

　ただし，継続適用を条件にして，契約により当該使用料の支払いを受ける日の属する事業年度に益金算入できますので，資金の確保を担保するためには支払期日に益金算入する方がよいでしょう。

2-5　有価証券の譲渡による収益の計上時期とは？

　法人税法における**有価証券**には，金融商品取引法第2条第1項に規定する有価証券のほかに，その他これに準ずるものとして法人税法施行令第11条で定めるものがあります。

　金融商品取引法で定めている「有価証券」は，たとえば，国債証券，地方債証券，社債券，日本銀行等の発券する出資証券，株券，証券投資信託または貸付信託の受益証券です。

　法人税法が税務上認める「有価証券」は，たとえば，銀行法に規定する譲渡性預金証書，合同会社・合名会社・合資会社の社員の持分，協同組合等の組合員の持分です。

なお，会社法では有価証券とみなされている手形・小切手等は，法人税法では「有価証券」には該当しません。

このような有価証券の譲渡による収益の額には，原則的として，契約日の属する事業年度の益金に算入する**約定日基準**が採用されます。

ただし，実務的簡便性を考慮して，事業年度末に契約済みで未引渡しとなっている有価証券の譲渡損益を計上する**修正契約日基準**も認められています。

2-6　その他の益金算入項目による益金算入はそれぞれ独自的！

(1)　受取利息は利払期日ごとに益金算入できます！

貸付金，預・貯金または有価証券から生じる**受取利息**は，原則として，その事業年度に帰属するものを**時間基準**で益金として計上されます。

ただし，金融・保険業を営む法人以外の「一般事業法人」では，特例として，利子支払期日が1年以内の一定期間ごとに到来するものには，継続的に利払期日ごとに益金算入する**利払基準**を採用できます。

法人が預・貯金に対する利息を受け取るとき，15.315%（源泉所得税15%および復興特別所得税0.315%）の源泉徴収が行われます。

なお，確定申告の際に，この源泉徴収税額は，法人税額から控除できます。

ちなみに，現在，預金利息等の地方税の特別徴収制度は廃止されています。

(2)　タダでもらった資産は受贈益として課税されます！

無償（タダ）による譲受けによって取得した棚卸資産，有価証券および減価償却資産については，当該資産の取得のために通常要する価額（再調達原価）をもって取得価額とします。

したがって，無償取得資産を時価で記帳することによって，同額の収益が「益金の額」に算入されます。

金銭その他の資産を無償で贈与されたり，低い価額で購入した場合におけ

る「経済的利益」は，受贈時点または低額購入時点で時価（低額購入した場合には，支払った価額と時価との差額）を**受贈益**として益金の額に算入しなければなりません。

ただし，広告宣伝用資産を受贈（または低額購入）した場合には，次のように処理することができます。

(a)　広告宣伝用の看板，ネオンサイン，どん帳のように，もっぱら広告宣伝用に使用される資産を受贈した場合，「経済的利益」はないものとして課税されません。

(b)　自動車，陳列だな，陳列ケース，冷蔵庫，容器，展示用モデルハウスのような資産に製造業者等の製品名または社名を表示し，広告宣伝用に提供されている場合，製造業者が取得のために支出した金額（当該資産の時価）の3分の1相当額は益金の額に算入しないことができます。

たとえば，ハム製造会社から社名・製品名記載の900万円のトラックを無償で贈与された場合，900万円ではなく600万円が**受贈益**として「益金の額」に算入されます。

業績悪化などの理由により債権者から債務の免除を受けた「経済的利益」は，**債務免除益**として益金に算入されます。

なお，法人税法では，**資本等取引**は対資本主との取引に限定され，資本主との間に発生したもの，株主の拠出資本の修正により生じたものに限られています。

したがって，企業会計上の資本剰余金のうち，私財提供益，国庫補助金受入益，保険差益等は，出資者の観点からは自己の拠出によらない経済価値の増加であり，税法上，課税対象となりますので，注意を要します。

(3)　**賃貸借契約に基づく家賃・地代・使用料は利払期日に益金算入します！**

資産の賃貸借契約に基づいて支払いを受ける**受取家賃**，**受取地代**その他の**受取使用料**は，「売買契約の効力の発生日」をもって権利の成立時点とする**権利確定主義**に基づいて，契約または慣習によって支払期日の属する事業年

度に益金算入されます。

このように，収益は，法的に債権として請求し得るもの（債権の確定）をもって益金算入する必要があります。

ただし，当該契約について当事者間に係争があり，支払期日に使用料の支払いを受けていないときは，その係争が解決して，支払いを受けるまで収益計上を見合せることができます。

リース取引による**受取リース料**も，原則として「受取使用料」に該当します。

ただし，一定の要件を満たすリース取引は「売買」として取り扱われ，「リース資産」として資産計上されます。

⑷ 保証金・敷金等は原則として課税されません！

資産の賃貸借契約等によって受け入れた**保証金，敷金**等の金額は，「預り金」として課税されません。

ただし，当該金額のうち，期間の経過，その他契約等の終了前における一定の事由の発生により，返還を要しない部分の金額は，返還しないことが確定した時点で「益金の額」に算入しなければなりません。

2-7 受取配当等は原則として益金不算入となります！

他の法人から受け取る配当金や収益の分配金は，企業会計上，「営業外収益」として計上されています。

しかし，法人税法上，内国法人（「公益法人等」と「人格のない社団等」を除きます）から受け取った「利益の配当」または「剰余金の分配」の額（以下，**受取配当等**といいいます）は，原則として，二重課税の排除のために「益金の額」に算入されません。

法人の本質を株主の集合体とみなし，法人税額をその法人の株主が負担する所得税額の前払分であると考える**法人擬制説**の立場から，配当等を支

40

払った法人（「配当等支払法人」といいます）はすでに法人税を納付しており，受け取った株主にも課税を行うと二重に課税することになります。

　そこで「二重課税排除の措置」として，個人株主の場合には「税額控除」（配当控除），法人株主の場合には**受取配当金等の益金不算入**が行われます。

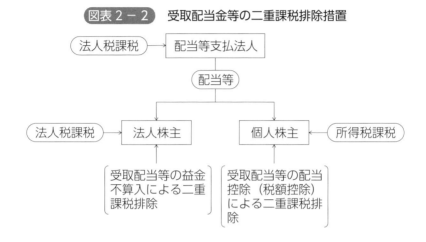

図表2-2　受取配当金等の二重課税排除措置

　ただし，「配当等支払法人」の株式等に対する保有割合に応じて「受取配当等に係る株式等」は次のように4区分され，それぞれに「益金不算入額」が異なります。

(a) **完全子法人株式等**：内国法人との間に完全支配関係があった他の内国法人の株式または出資

(b) **関連法人株式等**：内国法人が他の内国法人の発行済株式等の総数または総額の3分の1を超え，100％を下回る数または金額の当該他の内国法人の株式等であり，配当等の計算期間の初日から末日まで保有している株式等

(c) **非支配目的株式等**：内国法人が他の内国法人の発行済株式等の総数または総額の5％以下に相当する数または金額の当該他の内国法人の株式等

(d) **その他の株式等**：完全子法人株式等・関連法人株式等・非支配目的株式

等以外の株式等（つまり，株式等保有割合が5％超3分の1以下の株式等）

完全子法人株式等に係る配当等に対しては，その全額が益金不算入できます。

関連法人株式等に係る配当等には，配当等の元本を取得するために借り入れた負債の利子額を配当等の額から控除した金額が益金不算入できます。令和4年4月1日以降，「控除負債利子額」は，受取配当等の4％と負債利子額の10%との少ない額となります。

非支配目的株式等に係る配当等については，配当等の額の20%相当額が益金不算入できます。

その他の株式等に係る配当等には，配当等の額の50%相当額が益金不算入できます。

図表2－3　受取配当等の益金不算入額

株式等の区分	益金不算入額
完全子法人株式等	配当金額
関連法人株式等	配当金額－控除負債利子額（令和4年4月1日以降，受取配当等の4％と負債利子額の10%との低い額）
非支配目的株式等	配当金額×20%
その他の株式等	配当金額×50%

なお，「短期保有株式等の配当等」については，益金不算入の適用を受けず，全額が益金算入されます。

短期保有株式等とは，配当等の計算基礎となった期間の末日以前1か月以内に取得し，かつ，その末日後2か月以内に譲渡した株式・証券投資信託をいいます。

図表2－4　「法人税申告書別表八（一）」の様式

受取配当等の益金不算入に関する明細書

事業年度	2・1・1　2・12・31	法人名　神楽坂産業株式会社

別表八（一）

令二・四・一以後終了事業年度分

当年度実績により負債利子等の額を計算する場合				基準年度実績により負債利子等の額を計算する場合			
完全子法人株式等に係る受取配当等の額（31の計）		1	円	完全子法人株式等に係る受取配当等の額（31の計）		14	円
関連法人株式等	受取配当等の額（34の計）	2		関連法人株式等	受取配当等の額（34の計）	15	
	負債利子等の額	当期に支払う負債利子等の額	3			負債利子等の額	当期に支払う負債利子等の額	16	
		連結法人に支払う負債利子等の額	4				国外支配株主等に係る負債の利子等の損金不算入額、関連者等に係る支払利子等若しくは対象純支払利子等の損金不算入額又は恒久的施設に帰せられるべき資本に対応する負債の利子の損金不算入額	17	
		国外支配株主等に係る負債の利子等の損金不算入額、関連者等に係る支払利子等若しくは対象純支払利子等の損金不算入額又は恒久的施設に帰せられるべき資本に対応する負債の利子の損金不算入額（別表十七（一）「35」と（別表十七（二の三）「24」又は別表十七（二の五）「27」のうち多い金額）又は（別表十七（二の三）「25」又は別表十七（二の五）「32」と別表十七（二の二）「17」のうち多い金額）	5				超過利子額の損金算入額（別表十七（二の三）「10」）	18	
		超過利子額の損金算入額（別表十七（二の三）「10」）	6				計（16）－（17）＋（18）	19	
		計（3）－（4）－（5）＋（6）	7				平成27年4月1日から平成29年3月31日までの間に開始した各事業年度の負債利子等の額の合計額	20	
		総資産価額（29の計）	8				同上の各事業年度の関連法人株式等に係る負債利子等の額の合計額	21	
		期末関連法人株式等の帳簿価額（30の計）	9				負債利子控除割合（21）／（20）（小数点以下3位未満切捨て）	22	
		受取配当等の額から控除する負債利子等の額（7）×（9）／（8）	10				受取配当等の額から控除する負債利子等の額（19）×（22）	23	円
その他株式等に係る受取配当等の額（37の計）		11		その他株式等に係る受取配当等の額（37の計）		24	
非支配目的株式等に係る受取配当等の額（43の計）		12	1,000,000	非支配目的株式等に係る受取配当等の額（43の計）		25	
受取配当等の益金不算入額（1）＋（(2)－(10)）＋（11）×50％＋（12）×20％又は40％		13	200,000	受取配当等の益金不算入額（14）＋（(15)－(23)）＋（24）×50％＋（25）×20％又は40％		26	

当年度実績による場合の総資産価額等の計算

区分	総資産の帳簿価額 27	連結法人に支払う負債利子等の元本の負債の額等 28	総資産価額（27）－（28）29	期末関連法人株式等の帳簿価額 30
前期末現在額	円	円	円	円
当期末現在額				
計				

受取配当等の額の明細

完全子法人株式等	法人名	本店の所在地	受取配当等の額の計算期間	受取配当等の額 31		
			・・～・・	円		
			・・～・・			
	計					

関連法人株式等	法人名	本店の所在地	受取配当等の額の計算期間	保有割合	受取配当等の額 32	左のうち益金の額に算入される金額 33	益金不算入の対象となる金額（32）－（33）34
			・・～・・	・			
			・・～・・	・			
	計						

その他株式等	法人名	本店の所在地		受取配当等の額 35	左のうち益金の額に算入される金額 36	益金不算入の対象となる金額（35）－（36）37
	計					

非支配目的株式等	法人名又は銘柄	本店の所在地 38	基準日 39	保有割合 40	受取配当等の額 41	左のうち益金の額に算入される金額 42	益金不算入の対象となる金額（41）－（42）43
	○○商事		・・	・	1,000,000	円	1,000,000
	計				1,000,000		1,000,000

また，「証券投資信託」（公社債投資信託および外国の信託を除きます）の収益の分配金についても，その全額が益金に算入されます。

ただし，「特定株式投資信託」（外国株価指数連動型特定株式投資信託を除きます）に係る配当等については，非支配目的株式等と同様に，配当等の額の20%相当額が益金不算入できます。

受取配当等の益金不算入額は，確定申告時に法人税申告書別表八（一）「受取配当等の益金不算入に関する明細書」で申告することになっています。

2-8 資産の評価益は益金不算入にしなければなりません！

法人税法では，原則として，資産評価に取得原価主義が採用されていますので，**資産評価益**の計上は認められません。

たとえ確定決算で資産評価換えを行って帳簿価額を増額しても，資産評価益は「益金の額」に算入することはできません。

ただし，㈦「会社更生法」の規定による更生手続開始の決定に伴って行う資産の評価換え，㈥法人の組織変更に伴って行う資産の評価換え等の特殊な場合には，例外的に「資産評価益」を計上することができます。

第3章

損金算入と損金不算入の違いは
慎重にチェックしましょう

3-1　損金経理の要件と債務確定主義とは何？

　費用・損失の損金算入については,「公正処理基準」(すなわち「発生主義」)に従って計算されます。

　ただし,一定の費用・損失を損金算入するためには「損金経理」が条件とされることがあります。

　損金経理とは,決算において費用または損失として処理していることをいいます。

　たとえば,減価償却のような内部取引については「損金経理」が条件となっていますので,決算時に減価償却費を計上していなければ,減価償却費の損金算入は認められません。

　費用の額は「別段の定め」により調整されますが,外部取引には基本的に**債務確定主義**を満たすものが損金の額に算入されます。

　通常,「損金の額」に含めることができる「債務確定」を満たすためには,次のような3つの要件が必要です。

(イ)　事業年度末日までに当該費用に係る債務が成立している「債務成立の要件」

(ロ)　事業年度末日までに当該債務に基づいて具体的給付の原因となる事実が発生している「給付原因事実の発生の要件」

(ハ)　事業年度末日までにその金額を合理的に算定することができる「金額の

合理的算定の要件」

　このように，費用の額は「発生主義」によって認識されますが，帰属年度に法人の判断が介入するため，法的安定性の観点から，外部取引に関しては「債務確定」の要件を満たす費用を損金とする**債務確定主義**が採用されています。

　法人税法上，**損金経理**を求める定めがない支出については，**債務確定主義**の要件を満たしていれば，原則として，「損金の額」に算入されます。

　つまり，決算時に費用として計上されていなくても，申告調整によって損金算入が認められています。

3-2　売上原価はどのように計算されるのですか？

　「売上原価」の算定の対象となる**棚卸資産**は，販売あるいは消費のために所有され，棚卸しをすべき資産です。

　法人税法における**棚卸資産**は，次のように7つに分けられています。

① 　商品または製品（副産物・作業屑を含みます）

② 　半製品

③ 　仕掛品（半成工事を含みます）

④ 　主要原材料

⑤ 　補助原材料

⑥ 　消耗品で貯蔵中のもの

⑦ 　その他前記①から⑥までの資産に準ずるもの

　当該事業年度の損金に算入される**売上原価**を算出するためには，次のような算式が示すように，期末商品棚卸高を確定する必要があります。

　売上原価＝期首商品棚卸高＋当期純仕入高－期末商品棚卸高

その場合，棚卸資産に対しては，各事業年度末において**実地棚卸**を行わなければなりません。

業種・業態・棚卸資産の性質等に応じ，「実地棚卸」に代えて「部分計画棚卸」その他合理的な方法も，継続適用を条件として認められています。

部分計画棚卸とは，事業年度末前の一定日に棚卸資産の一部を漸次実地棚卸し，それぞれの実地棚卸日から事業年度末までの受入・払出数量を加減して期末数量とする方法です。

たとえば，都市ガス会社等の貯槽内の物量のみを期末棚卸量とし，配管内にある物量を測定しなくても，「その他合理的な方法」として容認されています。

3-3　棚卸資産の取得価額はどのように計算されるのですか？

棚卸資産の取得価額は，事業年度末における評価額の算定基礎となりますので，取得形態別に取得価額に算入できる費用の範囲が法定されています。

「購入」による場合には，購入代価に付随費用を加算した金額が**取得価額**となります。

付随費用には，引取運賃，荷役費（にやくひ），運送保険料，購入手数料，関税その他購入に要した費用（「直接付随費用」といいます）と消費または販売の用に供するために要した費用（「間接付随費用」といいます）が含まれます。

次のような間接付随費用は，取得後に企業内で生じる費用であり，その合計額が少額（購入代価のおおむね3％以内の金額）である場合には，取得価額に算入しないことができます。

(イ)　買入事務，検収，整理，選別，手入れ等に要した費用

(ロ)　販売所等から販売所等へ移管するために要した運賃，荷造費（にづくりひ）等の費用

(ハ)　特別の時期の販売等のために長期にわたり保管するために要した費用

したがって，少額の間接付随費用は即時損金化できますので，当該事業年度の所得を縮小できます。

「自己製造等」（製造，採掘，採取，栽培，養殖その他これらに準ずる行為）による取得価額は，製造等のために要した原材料費，労務費および経費の額（製造原価）に「付随費用」を加えた金額です。

次のような**付随費用**の金額が少額（製造原価のおおむね3％以内の金額）である場合には，取得価額に算入しないことができます。

(イ)　製品等の生産後に要した検査，検定，整理，選別，手入れ等の費用

(ロ)　自己の生産した製品等を販売し，または消費するための製造場等から販売所等へ移管するために要した運賃，荷造費等の費用

(ハ)　生産した製品等を特別の時期に販売するため，長期間にわたって保管するために要した費用

「合併」または「現物出資」により棚卸資産を受け入れた場合，受入価額（引取運賃，荷役費，運送保険料，関税，その他受入れのために要した費用を含みます）に，消費・販売の用に提供するために直接要した費用の額を合計した金額が取得価額となります。

ただし，「受入価額」が受入時における当該資産の取得のために通常要する価額（時価）を超える場合には，その価額を受入価額とします。

その他の方法による取得（たとえば，贈与，交換，代物弁済）の取得価額は，取得のために通常要する価額（時価）に，消費・販売の用に供するために直接要した費用の額を加算した金額になります。

3-4　棚卸資産の評価方法はいろいろあります！

(1)　原則として原価法で棚卸資産を評価します！

棚卸資産の評価の方法として，「原価法」と「低価法」が認められています。

　原価法は取得価額で棚卸資産を評価する方法であり，個別法，先入先出法，総平均法，移動平均法，最終仕入原価法，売価還元法が認められています。

　個別法とは，期末棚卸資産の全部に個々の取得価額によって評価する方法です。宝石，書画・骨董など，個々の受払いが明確であり，高価なものに適用されています。

　先入先出法は，棚卸資産を種類・品質・型の異なるごとに区別し，種類等の同じものについて，先に受け入れたものから先に払い出したものと仮定し，期末資産は期末時から最も近いときに取得したものから成るとみなす方法です。

　総平均法とは，期首資産の取得価額と期中取得資産の取得価額の合計額を，これらの総数量で除した価額を１単位当たりの取得価額とする方法です。税法上，その期間は１か月と６か月が認められています。

　移動平均法とは，期中に棚卸資産を取得するごとに棚卸資産の全体につき平均単価を改訂し，期末から最も近いときに改訂された平均単価をもって期末棚卸資産の１単位当たりの取得価額を評価する方法です。

　なお，「月次移動平均法」も認められていますが，これは「月次総平均法」と同じものになります。

　最終仕入原価法とは，種類等の同じものについて，期末時に最も近い時点に取得した棚卸資産の１単位当たりの取得価額をもって，期末棚卸資産の１単位当たりの取得価額を評価する方法です。

　売価還元法とは，取扱品種のきわめて多い小売業・卸売業において，種類等または差益率の同じ棚卸資産ごとに，通常の販売価額の総額に「原価率」を乗じた金額を取得価額とする方法です。

　「通常の販売価額の総額」とは，値引き・割戻し等を売上金額から控除している場合であっても，その値引き・割戻し等を考慮しない販売価額の総額です。

　すなわち，税法上の**売価還元法**による原価率は次の算式のように計算され

ます。

$$原価率 = \frac{期首棚卸資産の取得価額 + 当期仕入高}{当期売上高 + 期末棚卸資産の通常の販売予定価額}$$

たとえば，当期売上高92,790,000円，期末棚卸資産の通常の販売予定価額6,570,000円，期首棚卸資産の取得価額5,940,000円，当期仕入高68,580,000円であった場合，売価還元法による原価率，期末棚卸資産の取得価額および当期の売上原価は下記のように計算されます。

$$原価率：75\% = \frac{¥5,940,000 + ¥68,580,000}{¥92,790,000 + ¥6,570,000}$$

期末棚卸高：¥6,570,000 × 75% ＝ ¥4,927,500
売上原価：¥5,940,000 ＋ ¥68,580,000 － ¥4,927,500
　　　　　＝ ¥69,592,500

⑵　低価法で商品評価損を損金算入できます！

　低価法とは，棚卸資産の種類等（売価還元法の場合には種類等または差益率）の異なるごとに区別し，前記の原価法のうちいずれかの方法によって期末に算出された評価額（原価）と，期末の正味売却価額（時価）とのいずれか低い価額をもって，期末評価額とする方法です。

　取得価額と正味売却価額（時価）との差額は，**商品評価損**として損金算入できます。

　在庫品の時価が取得時よりも下がっているのであれば，早期に（売上前に）値下り損失（商品評価損）を計上でき，原価法を採用した場合よりも当該事業年度の所得金額を縮小することができますので，当然に法人税額を少なく申告することができます。

　季節商品などの陳腐化の激しい商品を扱われている場合には，評価方法・

手順などを確認の上，低価法を積極的に利用してはいかがでしょう。

　ただし，翌期の処理方法としては，再び実際の取得価額に振り戻し，前期の評価損の取戻益を計上する**洗替え低価法**が採用されています。

(3)　評価方法の選定・変更は税務署に届け出る必要があります！

　棚卸資産の評価方法は，事業の種類ごと，かつ，①商品または製品，②半製品，③仕掛品，④主要原材料および⑤補助原材料その他の棚卸資産の5区分ごとに選定する必要があります。

　「棚卸資産の評価方法」は，納税地の所轄税務署長に対し確定申告書の提出期限までに届け出る必要があります。

　届出をしなかった場合または選定した評価方法により評価しなかった場合には，**法定評価法**として「最終仕入原価法」により算出した取得価額に基づく原価法を適用しなければなりません。

　評価方法を変更するときは，新評価方法を採用しようとする事業年度開始日の前日までに，その旨，変更理由等を記載した「変更承認申請書」を納税地の所轄税務署長に提出し，承認を受けなければなりません。

　ただし，①現に採用している評価方法が相当期間（3年）を経ていない場合，または②変更しようとする評価方法では所得計算が適正に行われ難い場合には，税務署長は申請を却下することができます。

3-5　減価償却とは何？

　土地や書画・骨董品は，購入してから何年経っても，その価値は下がることはありませんが，機械や建物のような資産の価値または効用は，使用または時の経過によって漸次減少していきます。

　このように経年によって価値が下がっていく資産を**減価償却資産**といい，毎年，その資産計上額を少しずつ費用処理していく経理処理を**減価償却**とい

います。

　会計学上の「減価償却」とは，有形固定資産の価値減少（減価事象）を測定する手段として，一定の合理的な仮定に基づいて，当該資産の取得原価を見積利用期間（耐用年数）に規則的に費用（減価償却費）として配分し，その費用分だけ当該資産の繰越価額を減額させる費用配分手続です。

　つまり，減価償却の会計学上の意義は，「原価配分の原則」に従って有形固定資産の取得原価を利用可能期間における各会計年度に適正に配分することです。

　減価償却の会計学上の目的は，規則的・定期的な減価償却により適正な期間損益計算を可能ならしめることです。

　減価償却費は，有形固定資産に投下された資金の一部が減価償却の手続を通じて製品原価や期間費用に算入されることによって，収益の対価として受け取った貨幣性資産（流動資産）で回収されます。

　しかも，具体的な資金の流出を伴わない振替費用ですので，その計上額だけ「不特定流動資金」が留保されることになります。

　減価償却によって有形固定資産の一部が流動資産に転化する財務的効果を「固定資産の流動化」といい，減価償却費計上額が貨幣性資産の形態で企業に内部留保される財務的効果を**自己金融**といいます。

3-6　減価償却の対象となる資産は何？

　法人税法上，**減価償却資産**は「有形固定資産」,「無形固定資産」および「生物」に分けられています。

　図表3－1では，減価償却の対象となる具体的な資産が示されています。

図表 3 - 1　　減価償却の対象となる資産

有形固定資産	(イ)建物およびその付属設備（暖冷房設備，照明設備，通風設備，昇降機その他建物に付属する設備） (ロ)構築物（ドック，橋，岸壁，桟橋，軌道，貯水池，坑道，煙突その他土地に定着する土木設備または工作物） (ハ)機械および装置 (ニ)船舶 (ホ)航空機 (ヘ)車両および運搬具 (ト)工具，器具および備品（観賞用，興行用その他これらに準ずる用に供する生物を含みます）
無形固定資産	(イ)法的独占権（鉱業権，漁業権，ダム使用権，特許権，実用新案権，ソフトウエア，育成者権等） (ロ)超過収益力（営業権） (ハ)建設費用を負担する施設利用権（専用側線利用権，鉄道軌道連絡通行施設利用権，電気ガス供給施設利用権等）
生　　　物	(イ)成育させた生物（牛，馬，豚，綿羊，やぎ） (ロ)成熟させた生物（かんきつ樹，りんご樹，ぶどう樹，梨樹，桃樹，桜桃樹，びわ樹，栗樹，梅樹，柿樹，あんず樹，すもも樹，いちじく樹等）

　固定資産のうち，時の経過により減価しない資産は「減価償却」の対象になりません。

　たとえば，次のような資産は，原則として，**非償却資産**として減価償却の対象になりません。

① 土地（地上権，借地権のような土地の上に存する権利を含みます）

② 電話加入権（自動車電話，携帯電話等の役務の提供を受ける権利，著作権・出版権等を含みます）

③ 書画・骨董（古美術品，古文書，書画，彫刻等で1点100万円以上のもの）

④　素材となる貴金属の価額が取得価額の大部分を占め，かつ，一定期間後に素材に還元し鋳直して再使用できる固定資産（白金製溶解炉，白金製るつぼ，銀製なべ等）

⑤　立木（果樹等を除きます）

また，事業の用に提供されていない資産は減価償却資産に該当しませんので，減価償却を行うことはできません。

事業に提供されていない資産としては，(イ)建設中の資産（建設仮勘定），(ロ)遊休資産，(ハ)貯蔵中の資産が挙げられます。

ただし，建設仮勘定であっても，一部完成部分が事業の用に供されているときは，減価償却を行うことができます。

さらに，遊休資産（稼働休止資産）であっても，休止期間中に必要な維持・修理が行われ，いつでも稼働し得る状態にあるものも減価償却を行うことができます。

航空機の予備エンジン・電気自動車の予備バッテリー等のように，事業の用に供するために必要不可欠な部品として常備され，繰り返し使用される専用備品は，通常，他に転用できないものですので，稼働休止資産であっても，減価償却を行うことができます。

社歌・コマーシャルソング等の制作費用は，法律的には「著作権」の取得費という性格を有しますが，時の経過により価値が減価しない**非償却資産**とみなすことはその経済実態に反すると考えられますので，その支出時に損金の額に算入することができます。

3-7　減価償却資産と消耗品との差は何？

　10万円未満の「少額減価償却資産」を取得した場合には，**消耗品費**などの費用科目を用いて，その取得価額の全額を一時の損金として経理処理することができます。

　取得価額が10万円未満であるのかの判定は，通常1単位として取引される単位（たとえば，機械・装置については1台または1基，工具・器具・備品については1個，1組または1揃い）ごとに行われます。

　たとえば，デスクトップ型パソコン（備品）の本体価格が7万円，ディスプレイが4万円のパソコンを11万円で購入した場合，本体とディスプレイが1揃いで通常1単位として取引される単位となりますので，「消耗品費」で処理することはできません。

　ただし，9万円のノート型パソコン（備品）を従業員100人の事業用のために900万円で購入した場合には，1単位として取引される取得価額が10万円未満の「少額減価償却資産」ですので，900万円を**消耗品費**として損金経理できます。

　また，使用可能期間が1年未満である**短期減価償却資産**も，固定資産として計上しないで，全額損金算入できます。

　なお，取得価額が20万円未満である有形固定資産については，その資産を一括して3年間で定額償却できます。これを**一括償却資産の損金算入方式**といいます。

　一括償却資産の損金算入額は，確定申告時に法人税申告書別表十六（八）「一括償却資産の損金算入に関する明細書」で申告する必要があります。

　さらに，**中小企業者等**に対しては，平成18年4月1日から令和4年3月31日までに30万円未満の減価償却資産を取得した場合には，300万円を限度と

図表3-2　「法人税申告書別表十六（八）」の様式

一括償却資産の損金算入に関する明細書

事業年度又は連結事業年度	2・1・1 2・12・31	法人名	神楽坂産業株式会社

別表十六(八)　令二・四・一以後終了事業年度又は連結事業年度分

							平 31・1・1 令 1・12・31	（当期分）
事業の用に供した事業年度又は連結事業年度	1							
同上の事業年度又は連結事業年度において事業の用に供した一括償却資産の取得価額の合計額	2						600,000	900,000
当期の月数 (事業の用に供した事業年度中の中間申告又は連結事業年度の連結中間申告の場合は、当該事業年度又は連結事業年度の月数)	3						12	12
当期分の損金算入限度額 (2)×(3)/36	4						200,000	300,000
当期損金経理額	5						0	900,000
差引 損金算入不足額 (4)-(5)	6						200,000	
損金算入限度超過額 (5)-(4)	7							600,000
損金算入限度超過額 前期からの繰越額	8						400,000	
同上のうち当期損金認容額 ((6)と(8)のうち少ない金額)	9						200,000	
翌期への繰越額 (7)+(8)-(9)	10						200,000	600,000

して全額損金算入（即時償却）が認められています。これを「中小企業者等の少額減価償却資産の損金算入」といいます。

　その場合，令和2年4月1日以後の取得による減価償却資産については，常時使用する従業員の数の要件は500人以下に引き下げられました。

　中小企業者等にとっては，30万円未満資産の取得・300万円の限度額を条件としなければなりませんが，各事業年度に分散して「少額減価償却資産の損金算入制度」を有効に利用すれば，節税を図ることができます。

　なお，消費税に関して税抜き経理をしている場合には，税抜き額で金額の判定を行い，税込み経理をしている場合には，税込み額で判定します。つまり，この点に関しては税抜き経理の方が有利でしょう。

図表３－３　中小企業者等のための租税優遇措置

取得価額	中小企業者等	中小企業者等以外の法人
30万円以上	通常の減価償却	通常の減価償却
30万円未満 20万円以上	300万円を限度として全額損金算入	
20万円未満 10万円以上	一括償却（3年間定額償却）可能または300万円を限度とし全額損金算入	一括償却（3年間定額償却）可能
10万円未満	消耗品費として全額損金算入可能	

3-8 減価償却資産の取得価額はどのように計算されるのですか？

「購入」による取得価額は，①購入代価に②引取運賃，荷役費，購入手数料，関税その他購入のために要した「外部付随費用」と③事業の用に供するために直接要した据付費，試運転費等の「内部付随費用」を加算した合計額です。

ただし，不当に高価で購入した資産について，売主が実質的に贈与したと認められる金額がある場合には，買入価額から当該金額を控除して取得価額とします。

つまり，「高価買入資産」の取得価額は当該資産の時価であり，買入価額が時価を超える金額は，**寄附金**（役員の場合には**役員給与**）として扱われますので，留意して下さい。

反対に，時価に比較して著しく低い価額で取得した資産については，実質的に贈与を受けたと認められる金額（時価）を取得価額に算入します。

この場合においても，買入価額が時価を下回る金額は，**受贈益**として益金算入されますので，留意して下さい。

「自家建設等」による取得価額は，①建設等のために要した原材料・労務費・経費の額と②当該資産を事業の用に供するために直接要した費用との合計額をもって取得価額とします。

　「自己成育牛馬等」の取得価額は，①購入代価または種付費と出産費の額，②これを成育させるために要した飼料費，労務費および③経費の額と成育後事業の用に供するために直接要した費用の額との合計額です。

　「自己成熟果樹等」の取得価額は，①購入代価または種苗費の額，②これを成熟させるために要した肥料費，労務費および③経費の額と成熟後事業の用に供するために直接要した費用の額との合計額です。

　「合併」による取得価額は，①被合併法人が合併日の属する事業年度に当該資産の償却限度額の計算の基礎とすべき取得価額（帳簿価額），②合併法人が当該資産を事業の用に供するために直接要した費用の合計額です。

　「出資」による取得価額は，①受入価額に引取運賃，荷役費，運送保険料，関税，その他受入のために要した費用の額を加算した金額（この金額が時価より低い場合には時価を上限とします）と②これを事業の用に供するために直接要した費用の額との合計額です。

　「贈与」，「交換」，「代物弁済」等の方法で取得した固定資産の取得価額は，①取得のために通常要する価額（時価）と②その資産を事業の用に供するために直接要した費用の額との合計額です。

　なお，以下の要件を満たすリース取引により取得した**リース資産**は，資産計上されます。

①　契約により賃貸借期間の中途で解除できない。

②　賃借人が当該賃貸借に係る資産からもたらされる経済的な利益を実質的に享受でき，かつ，使用に伴って生ずる費用を実質的に負担する。

　リース資産の取得価額は，①リース期間中のリース料の合計額と②付随費用の額の合計額です。

　ただし，契約書等でリース会社の取得価額が区分・表示できる場合には，

特例として，①リース会社におけるリース物件の取得価額と②賃借人が支出する付随費用の額の合計額を取得価額とすることができます。

3-9　資本的支出（資産計上）と修繕費（損金算入）の区分は重要です！

減価償却資産を取得した後に，長年にわたって保有していますと，定期的に補修が必要となります。

その補修費用について，税法上，**修繕費**として損金経理できるケースと当該資産の帳簿価額に加算するケースがあります。前者を「収益的支出」といい，後者を「資本的支出」といいます。

資本的支出は，当該資産の帳簿価額に加算して，減価償却の対象としなければなりません。

他方，通常の維持・管理のために，または災害等により毀損した部分の原状を回復するために要した金額は，**収益的支出**として**修繕費**となります。

補修費用が巨額になった場合，「修繕費」として一時の損金に算入する場合と，「資本的支出」として何年もかけて減価償却費を計上していく場合では，法人税額が大きく異なりますので，この区分は税務処理上重要です。

したがって，税務調査では必ずチェックする事項の一つとなっています。

法令上，**資本的支出**とは，(a)当該資産の使用可能期間を延長させる部分の金額または(b)価額を増加させる部分の金額のどちらかに該当するもの（どちらにも該当する場合には，多い金額）をいいます。

ところが，「資本的支出」の規定が抽象的ですので，「資本的支出」に該当するかどうかの判断は非常に難しく，実務では悩ましい問題となっています。

そこで，法人税基本通達において，「資本的支出」と「収益的支出」は次のように具体的に区分例示されています。

① 　資本的支出

(イ) 建物の避難階段の取付等，物理的に付加した部分に対応する支出額

(ロ) 用途変更のための模様替え等，改造・改装に直接要した金額

(ハ) 機械の部品を特に品質または性能の高いものに取り替えた場合，取替えに要した費用のうち，通常の取替えに要する費用を超える部分の金額

② 修 繕 費

(イ) 建物の移曳(いえい)費用および旧資材の70%以上を再使用して同一の規模および構造で再建築する解体移築費用

(ロ) 機械装置の移設費（集中生産のための移設費を除きます）

(ハ) 地盤沈下した土地の原状を回復するために行う地盛(じも)り費用

(ニ) 建物・機械装置等が地盤沈下により海水等の浸害を受けたために行う床上げ，地上げまたは移設の費用

(ホ) 使用中の土地の水はけを良くするための砂利(じゃり)，砕石(さいせき)等の敷設費用等

このように修繕費に係る判定は非常に微妙なのですが，次のような形式基準が「法人税基本通達」で規定されています。

すなわち，一(いつ)の修理，改良等のために要した費用の額のうちに資本的支出であるか修繕費であるかが明らかでない金額がある場合には，その金額が次のいずれかに該当するときは,「修繕費」として損金経理することができます。

(1) その金額が60万円に満たない場合

(2) その金額がその修理，改良等に係る固定資産の前期末における取得価額のおおむね10%相当額以下である場合

つまり,「60万円未満の修繕費」,「取得価額10%以下の修繕費」は損金計上できる可能性が高いのです。

文言で定義された判断基準では実務的な判定が難しい場合には，具体的な金額による基準を盛り込んだ規定が「基本通達」に定められていることが少なくありません。

最近では，インターネットを使用して気軽に調べることができます。「通達博士」になることも，節税策のひとつです。

3-10　減価償却には複数の計算方法があります！

⑴　新償却方法適用資産に係る新償却方法は簡単になりました！

　残存価額とは，減価償却資産が本来の用役を果たして処分されるときの見積処分可能価額です。

　「残存価額」は，平成19年度の税制改正により，同年4月1日以後に取得される減価償却資産（新償却方法適用資産）には廃止されましたが，同年3月31日以前に取得された減価償却資産（旧償却方法適用資産）には引き続き採用されています。

　「残存価額」をあらかじめ見積もることは実務上困難ですので，法人税法では，旧償却方法適用資産の種類別に一律に残存価額（たとえば，有形減価償却資産には取得価額の10％，無形減価償却資産には零，果樹には取得価額の5％）を決めていました。

　なお，平成19年4月1日以後に取得した「新償却方法適用資産」については，残存価額が廃止され，1円（備忘価額）まで償却できるようになりました。

　「新償却方法適用資産」に係る新償却方法としては，定額法，定率法（250％定率法または200％定率法），生産高比例法，取替法（とりかえほう）等が認められています。

⑵　定率法の方が定額法よりも投資額を早期回収できます！

　定額法とは，減価償却費が毎期同額となるように，取得価額に「定額法償却率」（＝1÷耐用年数）を乗じて計算した金額を，各事業年度の「償却限度額」とする方法です。

　なお，**償却限度額**とは，法人税法上，減価償却費として損金算入できる最高限度額をいいます。

　定率法とは，減価償却費が毎期一定の割合で逓減していくように，「定率法償却率」を乗じた金額を各事業年度の「償却限度額」とする方法です。

　平成24年4月1日以降に取得する資産に適用される「定率法償却率」は，「定

額法償却率」に 2 倍を乗じた数であり，**200%定率法**と称されています。

「定率法」を適用する場合，耐用年数を満了するまでの残存年数で均等償却すると仮定した償却額の方が「定率法」による償却額よりも大きくなる事業年度から，残存年数による均等償却額を「償却限度額」とします。

たとえば，機械（取得価額：600万円，耐用年数：5 年）の減価償却費を「定額法」と「定率法」で比較すれば，図表 3 - 4 のとおりです。

図表 3 - 4 定額法と定率法による減価償却費の比較

年　　度	定　額　法	200% 定　率　法
第 1 年度	￥1,200,000	￥2,400,000（＝￥6,000,000 × 0.4）
第 2 年度	￥1,200,000	￥1,440,000（＝￥3,600,000 × 0.4）
第 3 年度	￥1,200,000	￥864,000（＝￥2,160,000 × 0.4）
第 4 年度	￥1,200,000	￥648,000（＝￥1,296,000 ÷ 2 年）
第 5 年度	￥1,199,999	￥647,999

(注) 定率法償却率は，0.4（＝（1 ÷ 5 年）× 2）です。
第 4 年度には，定率法による減価償却費は￥518,400（＝￥1,296,000 × 0.4）となりますので，残存年数による均等償却額の￥648,000（＝￥1,296,000 ÷ 2 年）に切り替えます。

したがって，減価償却費（損金）を早期に拡大計上し，投下資本の早期回収を図るためには，「定額法」よりは「定率法」を採用する方が有利です。

なお，平成19年 4 月 1 日から平成24年 3 月31日までに取得した資産に適用されていた「定率法償却率」は，定額法償却率に2.5倍を乗じた数であり，**250%定率法**と称されていました。

⑶ **生産高比例法・リース期間定額法・取替法も採用できます！**

生産高比例法とは，取得価額を耐用年数の期間内における生産予定数量で除して計算した一定単位当たりの金額に，各事業年度の生産数量を乗じて計算した金額を各事業年度の「償却限度額」とする方法です。

リース期間定額法とは，リース資産の取得価額をリース期間で月数按分した金額を各事業年度の「償却限度額」とする方法です。

取替資産に適用できる**取替法**とは，取得価額の50%に達するまで定額法または定率法で償却し，以後は各事業年度に新たに取り替えられた資産の「取替費用」を損金とする方法です。その採用には，税務署長の承認が必要です。

(4)　平成19年3月31日以前に取得した資産には旧償却方法が適用されています！

旧償却方法適用資産に係る旧償却方法（旧定額法，旧定率法等）は，「残存価額」を計算要素に含める点で「新償却方法」とは異なりますが，基本的に同じです。

たとえば，平成18年4月1日に取得した建物（取得価額：1億円，耐用年数：50年，残存価額：取得価額の10%）の償却限度額は下記のように算定されます。

$$(100,000,000円 - 10,000,000円) \div 50年 = 1,800,000円$$

(5)　期中に取得した資産には月数按分法が適用されます！

「定額法」，「定率法」または「取替法」を採用している資産を事業年度の中途で取得し，事業の用に供した場合には，その**期中取得資産**には，事業に供した日から事業年度末までの月数（1か月未満の端数は1か月とします）に応じて減価償却費を計算します。

すなわち，「期中取得資産」の減価償却費は**月数按分法**によって計算されることになります。

$$償却限度額 = 当期の全期間分の償却限度額 \times \frac{取得後の月数}{事業年度の月数}$$

たとえば，前記機械（取得価額：600万円，耐用年数：5年）を2月25日に取得し，事業用に提供した場合，定額法と定率法の第1年度（事業年度：4月1日から3月31日まで）の償却限度額は下記のように算定されます。

定額法：6,000,000円×（1÷5年）×2か月÷12か月＝200,000円

定率法：6,000,000円×0.2×2×2か月÷12か月＝400,000円

　事業年度の後半に節税の必要性に気付いて高額な固定資産を購入しても，その一部しか損金とはなりませんので，その事業年度における節税効果はほとんど生まれないことになります。

⑹　過剰に使用した資産には増加償却が認められています！

　通常の平均的な使用時間（「耐用年数の適用等に関する取扱通達」の付表5「通常の使用時間が8時間又は16時間の機械措置」による使用時間）を超えて使用している機械・装置（定額法または定率法を採用しているものに限られます）には，**増加償却**が認められています。

　その使用時間が通常の経済事情における当該資産の平均的な使用時間を超えるため，その損耗が著しい場合には，「増加償却の届出書」を確定申告書の提出期限までに所轄税務署長に提出し，かつ，超過使用時間の記録書類を保存することによって，「増加償却」が認められます。

　増加償却が認められる機械・装置の減価償却の「償却限度額」は，次の算式によって計算します。

償却限度額＝通常の償却限度額×（1＋増加償却割合）

　増加償却割合を算出する場合には，小数点以下2位未満の端数は切り上げ，10%に満たない場合には「増加償却」を適用できません。

増加償却割合＝当該事業年度の1日当たりの超過使用時間×$\dfrac{35}{1,000}$

3-11 法定耐用年数は細かく決められています！

(1) 耐用年数と法定耐用年数とは何？

耐用年数とは，通常考えられる維持補修を前提にして，本来の用途・用法により通常予定される効果をあげることができる「使用可能期間」（効用持続年数）です。

会計理論的には，耐用年数は，当該資産について予想される使用態様，予想される物理的磨滅・損耗，技術的・経済的陳腐化等の要因を考慮して決められるべきです。

しかし，耐用年数の決定を法人の自由に任せるのでは，耐用年数を恣意的に短くして減価償却費を過大に計上する法人も出てくる恐れがあります。

そこで，税務処理上，「減価償却資産の耐用年数等に関する省令」によって**法定耐用年数**が全国一律的に定められています。

「損金の額」として認められる減価償却費は，原則として，「法定耐用年数」によって行わなければなりません。

「資本的支出」に係る金額についても，現に適用している「法定耐用年数」（本体と同じ「法定耐用年数」）を適用することになっています。

同一の資産が2以上の用途に共用される場合には，使用目的・使用状況等を勘案して合理的に判定します。

たとえば，事務所兼店舗用の鉄骨鉄筋コンクリート造りの建物（店舗の法定耐用年数：39年，事務所の法定耐用年数：50年）について，店舗用として10分の9，事務所用として10分の1を使用している場合，店舗用の法定耐用年数の39年によることが合理的です。

「法定耐用年数」は，減価償却資産の種類ごとに，その構造または用途および細目に従って細かく決められています。

たとえば，図表3-5では，車輌・運搬具の法定耐用年数（一部）が示さ

れています。

図表 3 − 5 車輌・運搬具の法定耐用年数（抜粋）

構造または用途	細　　　　　目	耐用年数
特種自動車	消防車，救急車，レントゲン車，散水車，放送宣伝車，移動無線車，チップ製造車	5 年
	モータースィーパー，除雪車	4 年
	タンク車，じんかい車，し尿車，寝台車，霊柩車，トラックミキサー，その他特殊車体を架装した車	
	小型車（総排気量 2 リットルまたは積載量 2 トン以下）	3 年
	その他	4 年
運送用・貸自動車業用・自動車教習所用自動車	自動車（二輪または三輪自動車を含み，乗合自動車を除く）	
	小型車（貨物自動車では積載量 2 トン以下，その他の車では総排気量 2 リットル以下）	3 年
	大型乗用車（総排気量 3 リットル以上）	5 年
	その他のもの	4 年
	乗合自動車	5 年
	自転車，リヤカー	2 年
	被けん引車その他のもの	4 年
前掲以外の自動車・運搬具	自動車（二輪または三輪自動車を除く）	
	小型車（総排気量 0.66 リットル以下）	4 年
	その他の車	
	貨物自動車	
	ダンプ式	4 年
	その他	5 年
	報道通信用自動車	5 年

	その他のもの	6 年
	二輪または三輪自動車	3 年
	自転車	2 年
	鉱山用人車，炭車，鉱車および台車	
	金属製のもの	7 年
	その他のもの	4 年
	フォークリフト	4 年
	トロッコ	
	金属製のもの	5 年
	その他のもの	3 年
	その他	
	自走能力を有するもの	7 年
	その他のもの	4 年

⑵　中古資産の見積残存耐用年数はどのように計算しますか？

「法定耐用年数」は新規資産を前提として定められていますので，**中古資産を取得した場合には，法定耐用年数によることもできますが，残存耐用年数**を見積もって減価償却を行うこともできます。

「残存耐用年数」の見積りが困難である場合，次の算式によって中古資産の耐用年数（1 年未満端数切捨て，2 年に満たない場合には 2 年）を計算します。

　㈠　耐用年数の全部を経過した資産
　　　見積残存耐用年数＝法定耐用年数×20％
　㈡　耐用年数の一部を経過した資産
　　　見積残存耐用年数＝法定耐用年数－経過年数＋経過年数×20％

　たとえば，法定耐用年数50年で，建築後17年経過した鉄骨鉄筋コンクリート造りの事務所用建物を購入して事業の用に供した場合，見積残存耐用年数は次のように計算します。

50年－17年＋17年×20％＝36.4年　→36年

　一般的使用目的による普通乗用車の法定耐用年数は，原則として6年ですが，4年経過した中古車の見積残存耐用年数は次のように計算します。

　6年－4年＋4年×20％＝2.8年　→　2年

　この場合には，定率法における耐用年数2年の償却率は1.000ですので，当該事業年度に購入した4年経過中古普通乗用車は，取得価額（使用月数／12）を損金算入することができます。

　このように見積残存耐用年数を利用する方が短い年数で償却できますので，投下資本の早期回収が可能となります。

3-12　減価償却費を損金算入するための要件とは？

⑴　償却限度額の計算および減価償却方法の選定・届出を行わなければなりません！

　減価償却費を損金算入するための要件としては，各事業年度の**償却限度額**は，選定した減価償却方法，法定の耐用年数・残存価額・備忘価額・取得価額に基づいて計算しなければなりません。

　減価償却資産に適用される償却方法には，図表3－6で示されていますように，資産の種類に応じて選定・適用が定められています。

　資産の種類（選定単位）ごとに選定した減価償却方法は，税務署長に届け出なければなりません。

　ただし，減価償却方法を選定・届け出なかった場合には，ある特定の減価償却方法が強制適用されることになります。この減価償却方法を**法定償却法**といいます。

図表3-6　減価償却方法の選定と法定償却法

償却方法適用資産	選定できる減価償却方法	法定償却法
建物 (鉱業用建物・リース資産を除く)	定額法	―
建物以外の有形減価償却資産	定額法，定率法	定率法
鉱業用減価償却資産	定額法，定率法，生産高比例法	生産高比例法
無形固定資産 (鉱業権・リース資産を除く)	定額法	―
鉱業権	定額法，生産高比例法	生産高比例法
リース資産	リース期間定額法	―
取替資産	定額法，定率法，取替法	定率法
生物	定額法	―
営業権	5年間均等償却法	―
ソフトウェア	3年間均等償却法または 5年間均等償却法	―

　選定できる減価償却方法が一つしかない資産には「法定償却法」がありませんので，選定届出は不要です。

　なお，減価償却方法を変更する場合，新方法を採用する事業年度の開始日の前日までに，その旨・変更理由等を記載した「変更申請書」を税務署長に提出しなければなりません。

　現に採用している償却方法を採用してから相当期間（3年間）を経過していない場合，変更する償却方法では所得計算が適正に行われ難い場合には，変更の申請が却下されることがあります。

⑵　損金経理が必要です！

　法人税法は，法人が損金経理した減価償却費の金額のうち，税務上の「償却限度額」の範囲内で損金算入を認めています。

したがって，「損金経理」も減価償却費を損金算入するための要件の一つです。

ここでいう**損金経理**とは，法人が決算書に減価償却費を費用として経理処理していることです。

法人が「減価償却費」を費用として経理処理していない場合には，税務上，損金算入できませんので，気を付けて下さい。

なお，損金経理された減価償却費が法人税法上の「償却限度額」を超える場合，**償却超過額**は「損金不算入」となります。

たとえば，決算書に5,000,000円の減価償却費を損金経理していましたが，法人税法上の償却限度額が2,500,000円である場合には，償却超過額2,500,000円は損金不算入となり，法人税申告書別表第四（「所得の金額の計算に関する明細書」）で加算調整されます。

他方，損金経理された減価償却費が法人税法上の「償却限度額」を下回っても，**償却不足額**は当然に「損金の額」とはなりません。

たとえば，償却限度額が2,500,000円であるにもかかわらず，決算書に1,000,000円の減価償却費を損金経理した場合，減価償却費として認められる金額は1,000,000円であり，償却不足額1,500,000円について税務調整する必要はありません。

(3)　減価償却費に関する明細書を添付・提出しなければなりません！

さらに，減価償却費を損金算入するための要件の一つとして，確定申告時には「減価償却資産の償却額の計算に関する明細書」を添付しなければなりません。

定額法の場合には「法人税申告書別表十六（一）」，定率法の場合には「法人税申告書別表十六（二）」を確定申告書に添付・提出する必要があります。

図表3－7　「法人税申告書別表別表十六（二）」の様式

旧定率法又は定率法による減価償却資産の償却額の計算に関する明細書

事業年度又は連結事業年度	2・1・1 〜 2・12・31	法人名	神楽坂産業株式会社		別表十六（二）令二・四・一以後終了事業年度又は連結事業年度分

				合　計
資産区分	種　類	1	車両及び運搬具	
	構　造	2		
	細　目	3		
	取　得　年　月　日	4	令 2・7・1	
	事業の用に供した年月	5	2年 7月	
	耐　用　年　数	6	2 年	年
取得価額	取得価額又は製作価額	7	5,000,000	5,000,000
	圧縮記帳による積立金計上額	8		
	差引取得価額（7）－（8）	9	5,000,000	5,000,000
償却額計算の基礎となる額	償却額計算の対象となる期末現在の帳簿記載金額	10		
	期末現在の積立金の額	11		
	積立金の期中取崩額	12		
	差引帳簿記載金額（10）－（11）－（12）	13	外△	外△
	損金に計上した当期償却額	14	5,000,000	5,000,000
	前期から繰り越した償却超過額	15	外	外
	合　計（13）＋（14）＋（15）	16	5,000,000	5,000,000
	前期から繰り越した特別償却不足額又は合併等特別償却不足額	17		
	償却額計算の基礎となる金額（16）－（17）	18	5,000,000	5,000,000
当期分の普通償却限度額等	平成19年3月31日以前取得分	差引取得価額×5%（9）×5/100	19		
		旧定率法の償却率	20		
	(18)>(19)の場合	算出償却額（18）×（20）	21	円	円
		増加償却額（21）×割増率	22	（ ）	（ ）
		計（21）＋（22）又は（18）－（19）	23		
	(18)≦(19)の場合	算出償却額（（19）－1円）×60分の1	24		
	定率法の償却率		25	1.000	
	平成19年4月1日以後取得分	調整前償却額（18）×（25）	26	5,000,000	5,000,000
		保証率	27		
		償却保証額（9）×（27）	28	円	円
	(26)<(28)の場合	改定取得価額	29		
		改定償却率	30		
		改定償却額（29）×（30）	31	円	円
		増加償却額（（26）又は（31））×割増率	32	（ ）	（ ）
		計（（26）又は（31））＋（32）	33	5,000,000	5,000,000
	当期分の普通償却限度額等（23）、（24）又は（33）		34	2,500,000	2,500,000
当期分の償却限度額	特別償却限度額	租税特別措置法適用条項	35	条 項	条 項
		特別償却限度額	36	外	外
	前期から繰り越した特別償却不足額又は合併等特別償却不足額		37		
	合計（34）＋（36）＋（37）		38	2,500,000	2,500,000
差引	当期償却額	39	5,000,000	5,000,000
	償却不足額（38）－（39）	40		
	償却超過額（39）－（38）	41	2,500,000	2,500,000
償却超過額	前期からの繰越額	42	外	外
	当期損金認容額	償却不足によるもの	43		
		積立金取崩しによるもの	44		
	差引合計翌期への繰越額（41）＋（42）－（43）－（44）		45	2,500,000	2,500,000
特別償却不足額	翌期に繰り越すべき特別償却不足額（（40）－（43））と（（36）＋（37））のうち少ない金額		46		
	当期において切り捨てる特別償却不足額又は合併等特別償却不足額		47		
	差引翌期への繰越額（46）－（47）		48		
	翌期への繰越額の内訳		49	・・・	
	当期分不足額		50		
	適格組織再編成により引き継ぐべき合併等特別償却不足額（（40）－（43））と（36）のうち少ない金額		51		
備考				

租税特別措置法による特別償却を活用しましょう!!

(1) 特別償却によって減価償却費を追加できます!

　特別償却とは,法人税法の規定により計算された**普通償却限度額**のほかに,「租税特別措置法」により租税優遇措置として青色申告法人に認められた追加的償却です。

　「普通償却限度額」とは別に,特別に一定額だけ減価償却を拡大し,当該事業年度における租税負担を軽減し,企業の内部留保を促進するために設けられている租税優遇措置です。

　「特別償却」が認められる資産の償却限度額は,「普通償却限度額」と「特別償却限度額」の合計額となります。

　そのために,「特別償却」は,社会・経済政策,特定産業振興対策,中小企業保護対策,住宅対策等の種々の政策目的によって時限立法的に一定期間（指定期間といいます）に設けられています。

　特別償却には,次のような(a)**初年度特別償却**（「狭義の特別償却」ともいいます）と(b)**割増償却**の二形態が認められています。

(a) 特定の減価償却資産を取得して事業用に提供した事業年度において,特別償却限度額として「取得価額」の一定割合を一時に損金算入する**初年度特別償却**

　　特別償却限度額＝取得価額×特別償却割合

(b) 当該資産の取得後一定期間（5年間または3年間）に「普通償却限度額」の一定割合を損金算入する**割増償却**

　　特別償却限度額＝普通償却限度額×割増償却割合

　しかしながら,これらの特別償却を行った事業年度では,これに見合う税

額は減少しますが，当該資産の帳簿価額はそれだけ減額されていますので，特別償却を実施しなかった場合に比べて，その後の事業年度における償却限度額は小さくなります。

過去の過大償却による利益過少計上が将来において利益を過大計上させることになりますので，将来の法人税額は増加することになります。

したがって，「特別償却」は，非課税・免税措置ではなく，減価償却制度を利用した**課税繰延措置**に過ぎません。

それにもかかわらず，法人としては，早期計上償却分に見合う税額が特別償却時には法人税として支出しないので，将来に猶予されたことになり，流動資金として内部留保できます。

その間，その納税猶予額を資金として運用することができますので，国家から一種の「無利息融資」を受けたのと同様の経済効果が享受できます。

銀行から資金を借り入れた場合，利息を支払う必要がありますが，納税猶予額には国に利息を支払う必要はありません。

「特別償却」は，減価償却制度を利用した課税繰延（納税の延期）の特例措置ですが，国家からの**無利息融資効果**を有しています。

⑵　中小企業者等に高い償却率を適用できる資産もあります！

昭和24年公表の「シャウプ勧告」を受けて昭和25年に導入された「青色申告制度」の下では，青色申告法人・青色事業者が租税優遇措置として「特別償却」を採用することができるようになりました。

ただし，特別償却は「租税特別措置法」により時限立法的に認められています。

したがって，特別償却の適用対象資産・対象法人，適用対象業種・地域，計算方法，適用期間（指定期間），特別償却割合等が変わることがあります。

わが国では，現在，たとえば下記のような多種・多様な特別償却が認められています。

⑴　高度省エネルギー増進設備等を取得した場合の特別償却

(2) 中小企業者等が機械等を取得した場合等の特別償却

(3) 国家戦略特別区域で機械等を取得した場合の特別償却

(4) 国際戦略総合特別区域で機械等を取得した場合の特別償却

(5) 地域経済牽引事業の促進区域内で特定事業用機械等を取得した場合の特別償却

(6) 地方活力向上地域等で特定建物等を取得した場合の特別償却

(7) 特定中小企業者等が経営改善設備を取得した場合の特別償却

(8) 中小企業者等が特定経営力向上設備等を取得した場合の特別償却

(9) 革新的情報産業活用設備を取得した場合の特別償却

(10) 特定設備等の特別償却

(11) 耐震基準適合建物等の特別償却

(12) 被災代替資産等の特別償却

(13) 特定事業継続力強化設備等の特別償却

(14) 共同利用施設の特別償却

(15) 情報流通円滑化設備の特別償却

(16) 特定地域における工業用機械等の特別償却

(17) 特定地域における産業振興機械等の割増償却

(18) 医療用機器等の特別償却

(19) 障害者を雇用する場合の機械等の5年間割増償却

(20) 事業再編促進機械等の5年間割増償却

(21) 企業主導型保育施設用資産の3年間割増償却

(22) 特定都市再生建築物等の5年間割増償却

(23) 関西文化学術研究施設の特別償却

(24) 倉庫用建築物の5年間割増償却

　ここでは，主に**中小法人・中小企業者等**のみに「高い特別償却率の設定」または「税額控除との選択適用」の優遇措置が認められている**特別償却**を紹介します。

(a)　高度省エネルギー増進設備等を取得した場合の特別償却

　　取得価額の30%（**中小企業者等**には税額控除との選択適用）

(b)　**中小企業者等**が機械等を取得した場合等の特別償却

　　取得価額（内航船舶には取得価額の75%）の30%（特定生産性向上設備

　　等には100%）（**特定中小企業者等**（資本金または出資金が3,000万円以下

　　の中小企業者等）には，税額控除との選択適用）

(c)　**特定中小企業者等**（認定経営革新等支援機関等による経営改善指導助言

　　書類の交付を受けた中小企業者等）が経営改善設備を取得した場合の特別

　　償却

　　取得価額の30%（特定中小企業者等のうち資本金等が3,000万円以下の法

　　人等には，税額控除との選択適用）

(d)　**中小企業者等**が特定経営力向上設備等を取得した場合の特別償却

　　取得価額 − 普通償却限度額（即時償却）

(e)　被災代替資産等の特別償却

　　取得価額の30%または20%（**中小企業者**には36%または24%）（建物等に

　　は15%または10%（**中小企業者**には18%または12%））

3-14　圧縮記帳の仕組みとは？

　法人が国庫補助金，工事負担金等の交付を受けた場合，企業会計上は資本
剰余金とされますが，法人税法では「資本等取引」を対株主取引に限定して
いますので，資本等取引とはみなされず，**受贈益**として「益金の額」に算入
されます。

　しかし，益金に算入されれば，ただちに課税対象となりますので，補助金
等の本来の目的が失われ，目的とする資産の取得が困難となります。

　たとえば，7,000万円の設備投資を行うに際して，国から5,000万円の補助

金を受け取りましたが，実効税率30%で法人税等（国税の法人税および地方税の住民税と事業税）1,500万円を納税しなければなりませんので，手許には5,500万円しか残りません。

　国庫補助金を受けても「法人税等」が課されますので，補助金の交付効果が70%に落ち，計画どおりに設備投資ができない事態も起こりかねません。

　そこで税法では，当該資産等の取得価額を減額（圧縮）して記帳し，減額した部分の金額を損金の額に算入する（すなわち，**圧縮記帳損**として計上する）ことによって，その取得年度の所得計算上，「受贈益」と「圧縮記帳損」を相殺し，所得がなかったと同様の効果をもたらす**圧縮記帳**が容認されています。

　この場合，国庫補助金受入時には**国庫補助金受贈益**5,000万円を計上しますが，圧縮記帳時には**固定資産圧縮損**5,000万円を計上できますので，国庫補助金受贈益（益金）と固定資産圧縮損（損金）が相殺され，所得はなかったことになり，法人税等1,500万円は課税されません。

図表3-8　圧縮記帳の構造（国庫補助金の場合）

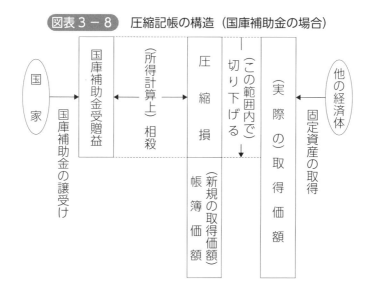

　ただし，圧縮記帳を行えば，建物の帳簿価額（新規の取得原価）は2,000万円（＝7,000万円－5,000万円）となり，実際の取得価額（7,000万円）より受贈益相当額（ただし，一定の圧縮限度額）だけ低く記帳されます。

　したがって，減価償却資産である場合には，圧縮した帳簿価額（2,000万円）を基礎価額として償却するため，損金として認められる減価償却費は本来の取得価額（7,000万円）によって計算する減価償却費よりも少なくなります。

　つまり，圧縮後の帳簿価額による減価償却費と本来の取得価額による減価償却費との差額は，取得年度後の各事業年度に課税されることになります。

　また，土地等の非償却資産である場合には，譲渡された時点で受贈益相当額部分に対して一挙に課税が行われます。

　このように，圧縮記帳は，国庫補助金等を受け入れたときに課税されるべき法人税を一時に課税せず，特別償却のように固定資産の耐用年数期間にわたって徐々に課税していくか，譲渡時に一時に課税するという**課税繰延措置**です。

　法人としては，固定資産圧縮損に見合う法人税等1,500万円を圧縮記帳時には支出しないで，将来に猶予されたことになりますので，その納税猶予額を法人の運用資金として活用できます。

3-15　圧縮記帳の対象にはどんな資産がありますか？

　「圧縮記帳」は，特別償却と同様に，課税繰延（納税の延期）を特別に容認する「租税優遇措置」ですので，圧縮記帳が認められるケースは限定されています。

　たとえば，「法人税法」は，国庫補助金等で取得した固定資産，工事負担金で取得した固定資産，保険金で取得した固定資産，交換により取得した固定資産等に圧縮記帳を認めています。

　「租税特別措置法」は，収用等に伴い取得した代替資産，換地処分等に伴

い取得した資産，特定資産の買換え等に圧縮記帳を認めています。

「租税特別措置法」によって圧縮記帳を行った資産には，原則として，「特別償却」または「税額控除」は適用できません。

実務上，**中小企業**にとって，最も頻繁に利用されるのは「特定の資産の買換え」の場合における圧縮記帳です。

とりわけ，所有期間が10年を超える土地等では，含み益が生じている場合が少なくありませんので，当該土地等を売却しますと，巨額の法人税が課されますが，新しい不動産の買換えを行えば，租税特別措置法上，圧縮記帳による課税繰延が可能となります。

圧縮記帳が認められる譲渡資産と買替資産の主な組み合わせは，図表3－9で示されています。

図表3－9　譲渡資産と買換資産の組み合わせ

買換え名称	譲　渡　資　産	買　換　資　産
第1号買換え	既成市街地等内にある建物（附属設備を含みます），土地等	既成市街地等以外の地域内にある土地等，建物（附属設備を含みます），構築物，機械装置
第6号買換え	所有期間が10年を超える土地等，建物（附属設備を含みます），構築物	土地等，建物（附属設備を含みます），構築物

買換資産を取得した日から1年以内に事業用に提供したとき，または事業用に提供する見込みがあるときは，当該買換資産について圧縮記帳を行うことが認められています。

なお，特定資産の買換えによる圧縮限度額は，下記算式によって計算されます。

圧縮限度額＝圧縮基礎取得価額×差益割合×圧縮率

「圧縮基礎取得価額」とは，譲渡資産の譲渡対価と買換資産の取得価額との少ない金額をいいます。

「差益割合」は，譲渡資産の譲渡対価から譲渡資産の帳簿価額・譲渡経費を控除した金額（譲渡益）を譲渡資産の譲渡対価で除した比率です。

第6号買換えの「圧縮率」は，図表3−10で示されていますように，買換前所在地と買換先所在地の違いによって法定されています。

図表3−10　買換え資産の圧縮率

買換前所在地	買　換　先　所　在　地	圧縮率
地方（東京23区と首都圏近郊整備地帯等を除いた地域）	東　京　23　区	70%
	首都圏近郊整備地帯等（東京23区を除く首都圏既成市街地，首都圏近郊整備地帯，近畿圏既成都市区域，名古屋市の一部）	75%
上　記　以　外　の　買　換　え		80%

たとえば，所有期間15年の土地（帳簿価額：4,200万円，時価：9,000万円）を売却し，同地域内にある土地8,000万円（譲渡経費：300万円）に買い換えた場合について，圧縮記帳を行う場合における土地圧縮損は次のように計算されます。

土地圧縮損：3,200万円（＝8,000万円×0.5×80%）

　・圧縮基礎取得価額：8,000万円（買替資産の取得価額）

　・差益割合：0.5（＝（9,000万円−4,200万円−300万円）
　　　　　　　　　　　÷9,000万円）

　・圧縮率：80%（図表3−10参照）

土地の売却によって土地譲渡益4,800万円（＝9,000万円−4,200万円）が計

上され，益金の額に算入されていますが，圧縮記帳により土地圧縮損3,200万円が計上され，損金の額に算入されます。

したがって，この場合における所得金額は4,800万円ではなく，圧縮記帳により1,600万円（＝4,800万円－3,200万円）に抑えられています。

3-16　圧縮記帳の税務処理法は複数あります！

圧縮記帳の税務処理には，「固定資産圧縮損」を計上して，損益計算書の利益と固定資産の取得価額を直接減額する方法のほかに，積立金を計上する「積立金処分方式」があります。

圧縮損計上処理では，固定資産の帳簿価額が実際の取得価額より圧縮記帳損分だけ低く計上されますので，本来の取得価額が判明しない欠陥があります。

積立金処分方式とは，圧縮記帳しようとする金額を「剰余金の処分」によって積立金として積み立てる方法です。

したがって，貸借対照表に計上される固定資産の金額は，圧縮損を固定資産から直接減額することはありませんので，固定資産本来の帳簿価額になっているというメリットがあります。

国庫補助金等を受けて取得した固定資産であっても，固定資産本来の帳簿価額を知りたい利害関係者にとっては，積立金方式の方が望ましい方法であると言えます。

また，積立金処分方式は損益計算書の利益に影響を及ぼすことはありません。税務申告書上で減算すれば済みますので，決算書の見栄えは良くなると言えるかもしれません。

ただし，積立金処分方式では，減価償却資産である場合には，毎期の減価償却の計算に加えて，積立金の取崩しの処理も必要であり，事務手続的には

煩雑になります。

たとえば，3－14における設例（7,000万円の設備投資に国から5,000万円の補助金を受け取り，圧縮記帳を行った事例）について，「積立金処分方式」を採用した場合，積立金積立時には，「圧縮積立金」5,000万円を積み立て，繰越利益剰余金（くりこしりえきじょうよきん）から控除します。

建物の耐用年数を50年とした場合，減価償却時には減価償却費140万円（＝7,000万円÷50年）を損金算入できますが，減価償却と同時の積立金取崩時には，圧縮積立金取崩益100万円（＝5,000万円÷50年）を益金算入しなければなりません。

減価償却費140万円と圧縮積立金取崩益100万円との差額分40万円は，圧縮記帳を行った場合における帳簿価額2,000万円に基づいて計算した減価償却費40万円（＝2,000万円÷50年）と同じになります。

したがって，「直接減額法」でも「積立金処分方式」でも，当該事業年度の所得金額に違いはありません。

3－17 法人税法上の繰延資産の範囲は会社法上の繰延資産よりも広い！

法人税法上，**繰延資産**（くりのべしさん）とは，法人が支出する費用のうち，支出の効果がその支出の日以後1年以上に及ぶもので，政令で定めるものをいいます。

法人税法で認められる「繰延資産」には，会社法で限定列挙している繰延資産（①創立費，②開業費，③開発費，④株式交付費および⑤社債等発行費）のほかに，次のような**6号繰延資産**があります。

(a) 自己が便益を受ける公共的施設または共同的施設の設置または改良費用（たとえば，道路の舗装費，堤防・護岸等の建設費，法人が所属する協会・組合・商店街等が共同で設立するアーケード・会館・すずらん燈等の負担金）

(b) 資産を賃借し，または使用するために支出する権利金，立退料その他の

費用

(c) 役務の提供を受けるために支出する権利金その他の費用

(d) 製品等の広告宣伝の用に供する資産を贈与したことにより生ずる費用

(e) 上記のほかに，自己が便益を受けるために支出する費用（スキー場のゲレンデ整備費用，同業者団体等の加入金，職業運動選手等の契約金等）

このように，法人税法が認める繰延資産の範囲は，会社法が限定列挙する繰延資産よりも幅広く，後述しますように，「償却限度額」の算定も異なります。

3-18 繰延資産の償却費はどのように計算しますか？

繰延資産の償却費としては，法人が損金経理した金額のうち，税法上の「償却限度額」に達するまでの金額が「損金の額」に算入されます。

償却限度額は，次のような繰延資産の区分に応じ，当該資産の支出の効果の及ぶ期間を基礎として計算することになっています。

(a) 自由償却が認められる繰延資産

会社法が限定列挙している繰延資産（創立費，開業費，開発費，株式交付費，社債等発行費）は，償却の時期・償却金額を法人に任せる「自由償却」によります。

繰延資産を自由に償却できますので，利益が大きく生じた事業年度に償却することによって税額を抑えることができます。便利な「繰延資産」と言うこともできるでしょう。

(b) 均等償却すべき繰延資産

前記(a)以外の **6 号繰延資産**の償却限度額は，資産額を支出効果の及ぶ期間（ただし，法定された年数）の月数で除し，これに当該事業年度の月数（端数切上げ）を乗じた金額です。

つまり，会社法上の繰延資産には自由償却が容認されますが，税法固有の

図表3-11　　6号繰延資産の償却年数

種　　　類	細　　　目	償　却　年　数
公共的施設の設置または改良費用	負担者専用の場合	当該施設の法定耐用年数の70%
	その他の場合	当該施設の法定耐用年数の40%
共同的施設の設置または改良費用	負担者等の共同的施設	当該施設の法定耐用年数の70%（土地は45年）
	一般公衆も利用できる共同的なアーケード，日よけ等	5年（当該施設の法定耐用年数が5年未満である場合には，その年数）
資産を賃借するための権利金等	建物を新築し，その所有者が支払った権利金等	当該建物の見積残存耐用年数の70%
	上記以外の権利金で，借家権として転売できるもの	当該建物の見積残存耐用年数の70%
	その他の権利金等	5年（その賃借期間が5年未満である場合には，その年数）
	電子計算機その他の機器の賃借に伴う費用	その機器の法定耐用年数の70%（その年数が賃借期間を超える場合には，その賃借期間）
役務提供の権利金等	ノーハウの頭金	5年（その有効期間が5年未満である場合には，その年数）
広告宣伝用資産		当該資産の法定耐用年数の70%（その年数が5年を超える場合には，5年）
ゲレンデ整備費用		12年
同業者団体等の加入金		5年
職業運動選手等の契約金		契約期間（契約期間がない場合には，3年）

「6号繰延資産」には，法定された有効期限にわたり「月数按分法」が強制適用されています。

前頁の図表3－11は，「6号繰延資産」の支出効果の及ぶ期間（法定された償却年数）を示しています。

償却年数に1年未満の端数が生じた場合，その端数は切り捨てます。

たとえば，負担者の共同的施設として工場（取得価額：2億円，法定耐用年数：24年）の建設費用として1,200万円を8月15日に負担・支出した場合，当該事業年度（4月1日から翌年3月31日まで）における**共同的施設負担金**（繰延資産）の償却限度額は次のように計算します。

償却年数：24年×70％＝16.8年　→16年

$$\text{償却限度額：}1,200\text{万円}\times\frac{8\text{か月}}{192\text{か月}}=50\text{万円}$$

建設費用負担時（8月15日）には，1,200万円の**共同的施設負担金**という繰延資産を計上しますが，決算日（3月31日）には，8か月分の**共同的施設負担金償却**という償却費用50万円を損金算入できます。

なお，翌事業年度における損金算入額は，1年分（12か月分）の75万円となります。

3-19　**資産評価損は原則として損金算入できません！**

決算上，資産の評価換えをして帳簿価額を減額した場合であっても，法人税法上，その減額した部分の金額は「損金の額」に算入できません。

ただし，棚卸資産，有価証券，固定資産および繰延資産（預金，貯金，貸付金，売掛金その他の債権を除きます。）について，次のような事情がある場合等には，法人税法上，**資産評価損**を損金算入できます。

(1)　災害による著しい損傷，その他の政令で定める特別な事実(たとえば,「会社更生法」または「金融機関等の更生手続の特例等に関する法律」による更生計画認可の決定）があった場合

(2)　有価証券の発行法人の資産状態が著しく悪化したために，当該有価証券の価額が著しく低下した（期末時の価額が帳簿価額のおおむね50％相当額を下回る）場合

(3)　固定資産について，①１年以上にわたり遊休状態にある場合，②本来の用途に使用できないために，他の用途に使用された場合，③所在場所の状況が著しく変化した場合

3-20　貸倒損失には債務確定主義が適用されます！

　得意先等が倒産して，売掛金，貸付金，その他これらに準ずる債権（「金銭債権」といいます）に貸倒れ（回収不能状態）が生じた場合には，**貸倒損失**として損金算入できます。

　なお，売掛金，貸付金等の「売掛債権等」（既存債権）について取得した受取手形を裏書譲渡（割引を含みます）したとしても，当該債権は「売掛債権等」に含まれます。

　「貸倒損失」には**債務確定主義**が適用され，法人税法では，次のように税務処理されます。

(a)　次の事実または法律により金銭債権の一部または全部が切り捨てられた場合には，金銭債権は，「損金経理」の有無にかかわらず，「損金の額」に算入されます。

(1)　「会社更生法」,「金融機関等の更生手続の特例等に関する法律」または「民事再生法」による再生計画認可の決定があった場合，切り捨てられることになった部分の金額

(2)　会社法の規定による特別清算に係る協定の認可の決定があった場合，切り捨てられることになった部分の金額

(3)　法令の規定による整理手続きによらない関係者の協議決定に基づいて，(イ)債権者集会の協議決定で債務者の負債整理を定めているもの，(ロ)行政機関または金融機関その他第三者の斡旋による当事者間の協議により締結された契約による場合，切り捨てられることになった部分の金額

(4)　債務者の債務超過の状態が相当期間継続し，貸金等の弁済を受けることができない場合，債務者に対し書面により明らかにされた債務免除額

(b)　債務者の資産状況，支払能力等からみて金銭債権全額を回収できないと認められる場合には，「損金経理」により全額損金に算入されます。

　　　ただし，担保物がある場合には，その担保物を処分した後に貸倒れとして損金経理しなければなりません。

(c)　「売掛債権」（売掛金，未収請負金，これらに準ずる債権をいい，貸付金等を含みません）について債務者に次に掲げる事実が発生した場合，「売掛債権」から備忘価額（1円）を控除した残額が「損金経理」により貸倒損失として損金算入できます。

①　債務者との取引を停止したときから，1年以上を経過した場合

②　同一地域において有する売掛債権の総額が，その取立てのために要する旅費その他の費用に満たない場合に，支払いを督促しても弁済がない場合

前記(a)では，法的に債務が確定し，貸倒損失の計上金額が明確であり，法律上の貸倒れとして処理されますので，税務調査でも問題になりません。

　　ただし，(b)では，経済実態に照らして金銭債権の全額が明らかに回収できないと判断するケースですので，税務調査によっては全額を否認される場合もあります。実務では，この判定には慎重に対処する必要があります。

　　(c)では，売掛債権のみに適用され，貸付金等には適用されない点，「損金経理」を必要とする点に注意を要します。

3-21　貸倒引当金とは何？

(1)　中小法人等は貸倒引当金を設定できます！

　前述しましたように，当該事業年度に発生した金銭債権が同一事業年度に明らかに回収できない場合には，「貸倒損失」として計上できます。

　当該事業年度末に残っている金銭債権について，翌事業年度以降に貸倒れが発生すると見込まれる場合には，「貸倒引当金」を設定することができます。

　貸倒引当金とは，金銭債権の期末残高に対して翌年度以降の貸倒れを予測し，その回収不能額の見積金額を当該金銭債権から控除するためのマイナス評価性引当金です。

　つまり，将来の貸倒れに備えて，金銭債権を引き下げるとともに，「貸倒れの見積損失」をあらかじめ**貸倒引当金繰入額**として費用処理します。

　貸倒引当金を設定した場合に費用処理した「貸倒引当金繰入額」については，一定の要件を満たせば，法人税法上，貸倒引当金繰入限度額を損金算入できます。

　ただし，貸倒引当金を設定できる法人は，平成24年４月１日以降開始する事業年度から，銀行，保険会社，**中小法人等**に限定されています。

(2)　貸倒引当金の設定は不良債権と一般債権に分けます！

　法人税法上，金銭債権の状況，それに伴う貸倒引当金繰入限度額の算定の相違によって，「個別評価する金銭債権」と「一括評価する金銭債権」に大別されています。

　個別評価金銭債権は，いわゆる「不良債権」であり，そのために債務者ごとに貸倒引当金を計算しなければなりません。

①　長期棚上げ債権

　「長期棚上げ債権」とは，債務者が次のような状況に陥った場合における金銭債権をいいます。

(イ)　「会社更生法」,「金融機関の更生手続の特例等に関する法律」または「民事再生法」による更生・再生計画認可の決定があった場合

(ロ)　「会社法」による特別清算に係る協定の認可の決定があった場合

(ハ)　①債権者集会の協議決定,　⑤行政機関または金融機関その他の第三者の斡旋による当事者間の協議により締結された契約で合理的な基準により債務者の負債整理を定めている場合

② 　一部取立不能債権

「一部取立不能債権」とは,　債務者が次のような状況に陥った場合における金銭債権をいいます。

(イ)　債務超過の状態が相当期間継続し,　かつ,　事業好転の見通しがない場合

(ロ)　債務者が天災事故・経済事情の急変等により多大な損失を蒙ったこと等が生じたため,　当該金銭債権の一部の金額につき回収の見込みがないと認められる場合

③ 　形式基準（50％基準）による金銭債権

前記①・②以外の個別評価金銭債権であり,　金銭債権の回収不能が確定していなくても,　債務者について次の事実が生じた場合,　当該金銭債権の50％相当額を貸倒引当金繰入限度額とすることができる金銭債権をいいます。

(イ)　「会社更生法」,「金融機関の更生手続の特例等に関する法律」または「民事再生法」の規定による再生手続の開始の申立てがあったこと

(ロ)　「破産法」による破産の申立てがあったこと

(ハ)　「会社法」による特別清算の開始の申立てがあったこと

(ニ)　手形交換所等において取引の停止処分を受けたこと

他方,　**一括評価金銭債権**とは,　いわゆる「不良債権」（前述の「個別評価金銭債権」）以外の「一般売掛債権等」をいいます。

順調に回収できそうな健全な金銭債権であっても,　現実には貸倒れになる可能性もありますので,「個別評価金銭債権」を除いた金銭債権全体に対して,　一括して「貸倒引当金」を設定することが認められています。

3-22　貸倒引当金繰入額の計算方法とは？

⑴　**不良債権は個別債権ごとに貸倒引当金を計算します！**

「個別評価金銭債権」に対する回収不能見込額の**貸倒引当金繰入額**は，金銭債権の状況の相違により次のように計算されています。

①　長期棚上げ債権の貸倒引当金繰入限度額

　「長期棚上げ債権」に対しては，対象となる個別債権ごとに，特定の事由が生じた事業年度の末日の翌日から5年を経過する日までの弁済予定金額と担保権の実行による取立て等の金額を控除した金額が，「貸倒引当金繰入限度額」となります。

②　一部取立不能債権の貸倒引当金繰入限度額

　債務者について当該金銭債権の一部の金額につき回収の見込みがないと認められる場合には，取立見込みがない金額が「貸倒引当金繰入限度額」として認められています。

③　形式基準（50％基準）による金銭債権の貸倒引当金繰入限度額

　金銭債権の回収不能が確定していなくても，当該金銭債権から担保権の実行・保証債務の履行等による取立て等の金額を控除した金額の50％相当額を「貸倒引当金繰入限度額」とすることができます。

図表3-12　個別評価金銭債権の貸倒引当金繰入額

個別評価金銭債権の種類	貸倒引当金の繰入限度額
長期棚上げ債権	債権金額の全額（弁済予定金額と担保権実行取立金額を除きます）
一部取立不能債権	取立見込みがない金額
50％基準による金銭債権	債権金額の50％相当額

上記①「長期棚上げ債権」や③「50％基準による金銭債権」では，法律・

契約あるいは確定した事実によって確認できますので，税務署との見解の相違がないと思われます。

　ただし，②「一部取立不能債権」の場合には，「債務超過の状態が相当期間継続している」とか「事業好転の見通しがない」という事実認定につき，税務署との見解に相違が生じるかもしれませんので，貸倒引当金の設定には注意を要します。

(2)　一般債権は一括して貸倒引当金を計算します！

　一般売掛債権等に対する一括評価による貸倒引当金繰入額の繰入率は，「貸倒実績率」によることになっています。

　貸倒実績率とは，過去3年間における貸倒損失に基づいて算定され，小数点以下4位未満端数を切り上げます。

$$貸倒実績率 ＝ \frac{過去3年間の平均貸倒損失}{過去3年間の一括評価金銭債権の平均残高}$$

　一括評価法による貸倒引当金繰入限度額は，「一括評価する金銭債権」の期末残高に貸倒実績率を乗じて算定されます。

　たとえば，製造業を営む中小法人の当期（第10期）の事業年度末における一般売掛債権等の帳簿価額が82,695,000円であり，当期前3年間の一般売掛債権等の帳簿価額と貸倒損失額が図表3－13に示すとおりである場合，貸倒実績率と貸倒引当金繰入額は次のように計算します。

図表3－13　過去3年間の金銭債権期末簿価と貸倒損失額

事業年度	一般売掛債権等の期末簿価	貸倒損失額
第7期	82,244,500円	976,540円
第8期	81,903,400円	940,255円
第9期	83,066,000円	943,866円

貸倒実績率：(976,540円＋940,255円＋943,866円) ÷ (82,244,500
　　　　　円＋81,903,400円＋83,066,000円) ＝0.01157・・・
貸倒引当金繰入額：82,695,000円×0.0116＝959,262円

　なお，期末の資本金額または出資金額が１億円以下である**中小法人**（「資本金額を有しない法人」を含み，資本金額等の額が５億円以上である法人等（大法人）による完全支配関係がある法人または完全支配関係がある複数の大法人に発行済株式等の全部を保有されている法人および相互会社等を除きます）は，特例として，一括評価金銭債権について「法定繰入率」により計算できます。
　法定繰入率は，事業の種類に応じて，図表３－14のように定められています。

図表３－14　事業の種類ごとの法定繰入率

事業の種類	法定繰入率
卸・小売業	1.0%
割賦小売業・包括信用購入あっせん業	1.3%
製造業	0.8%
金融・保険業	0.3%
その他の事業	0.6%

　したがって，**中小法人等**の場合には，「貸倒実績率」と「法定繰入率」を比較して，より高い繰入率による有利選択ができます。
　公益法人等と協同組合等については，これらの金額の110%を貸倒引当金繰入限度額とすることができましたが，平成31年３月31日に廃止されました。
　ただし，平成31年４月１日から令和５年３月31日までの期間に開始する各事業年度における貸倒引当金繰入限度額については，10%の割増率に対して１年ごとに５分の１ずつ縮小した割増率を認める経過措置が講じられています。

なお，貸倒引当金の繰入額は，翌事業年度末において全額を益金として戻入れなければなりません。すなわち，**全額洗替え方式**が原則とされています。

一括評価金銭債権の損金算入額は，確定申告時に法人税申告書別表十一（一の二）「一括評価金銭債権に係る貸倒引当金の損金算入に関する明細書」で申告することになっています。

図表3-15 「法人税申告書別表十一（一の二）」の様式

3-23　その他の引当金は原則として設定できません！

　会計決算では，退職給付引当金，賞与引当金，製品保証引当金，工事補償引当金，修繕引当金，債務保証損失引当金，損害補償損失引当金など，貸倒引当金のほかにも，さまざまな引当金を設定できますが，法人税法上，返品調整引当金以外の引当金繰入（損金算入）は認められていません。

　出版業，出版に係る取次業および医薬品・農薬・化粧品・既製服等の製造業・卸売業を営む法人が，「損金経理」により**返品調整引当金**に繰り入れた金額のうち，繰入限度額に達するまでの金額は損金算入されます。

　なお，返品調整引当金の繰入額は，貸倒引当金と同様に，繰入年度の翌事業年度に**全額洗替え方式**により益金に算入します。

　事業に係る販売商品の大部分について次の事項のいずれにも該当する場合に，「返品調整引当金」の設定が認められています。

　㈑　販売先からの求めに応じ，販売した商品を当初の販売価額によって無
　　　条件に返品を受け入れる特約，慣習があること

　㈻　販売先が，法人から商品の送付を受けた場合に，注文の有無にかかわ
　　　らず，購入する特約，慣習があること

　返品調整引当金繰入限度額は，特定事業の種類ごとに期末売掛金基準（期末売掛金残高×返品率×売買利益率）または売上高基準（期末前2か月間の総売上高×返品率×売買利益率）のいずれかによって計算できます。

　すなわち，繰入限度額の算定基準の選択は法人の任意であり，毎期いずれかに有利選択できます。

　ただし，令和3年3月31日までは損金算入は認められていましたが，令和3年4月1日から令和12年3月31日までの間に開始する各事業年度における損金算入限度額については，1年ごとに10分の1ずつ縮小した額の返品調整引当金繰入を認める経過措置が講じられています。

出版業においては，影響が非常に大きいかと思われます。売上計上基準を
どのようにしていくかの検討が必要になります。

3-24　準備金の積立額も設定できます！

　税法上の**準備金**は，将来において確実に損失・支出が発生するかどうか必
ずしも明確でなく，当期の収益に対応するか否かも判然としませんが，これ
に備えて設けるものであり，会計的には利益留保の要素が強いと言えます。

　したがって，「租税特別措置法」または特別法（たとえば，震災特例法，
復興特区法）によって規定され，設定できる指定期間は限定されています。

　「租税特別措置法」が認めている**準備金**には，海外投資等損失準備金，金
属鉱業等鉱害防止準備金，廃棄物処理業者に対する特定災害防止準備金，特
定船舶に係る特別修繕準備金，探鉱準備金または海外鉱準備金，特定の農業
生産法人に対する農業経営基盤強化準備金等があります。

　引当金の設定は青色申告を要件としませんが，「租税特別措置法」におけ
る準備金の積立ては「青色申告法人」に限られています。

　また，準備金積立額には利益留保の性格が強いため，「損金経理」だけで
はなく**剰余金処分方式**も認められます。

　「剰余金処分方式」による積立額は，申告調整によって所得金額から減算
することとなります。

　つまり，準備金の損金算入額も別表で申告する必要がありますが，たとえ
ば，図表3-16では，別表十六（九）「特別償却準備金の損金算入に関する
明細書」が示されています。

　なお，「租税特別措置法」で認められている特別償却は，減価償却費の損
金経理に代えて，剰余金処分または損金経理により準備金を積み立てること
ができます。

図表3-16　「法人税申告書別表十六(九)」の様式

特別償却準備金の損金算入に関する明細書			事業年度又は連結事業年度	2・1・1 2・12・31	法人名	神楽坂産業株式会社		別表十六(九)

資産区分	特別償却に関する規定の該当条項	1	第　条　第　項 第　号	第　条　第　項 第　号	第　条　第　項 第　号	計	令二・四・一以後終了事業年度又は連結事業年度分
	種　　　　　類	2					
	構造・区分・設備の種類	3					
	細　　　　　目	4					
	事業の用に供した年月日	5	・・	・・	・・		
	耐　用　年　数	6	年	年	年		
当期積立限度額	当　期　積　立　額	7	2,000,000 円	円	円	2,000,000	
	当期の特別償却限度額	8	2,000,000			2,000,000	
	前期から繰り越した積立不足額又は合併等特別償却準備金積立不足額	9					
	積立限度額 (8)+(9)	10	2,000,000			2,000,000	
差引	積立限度超過額 (7)-(10)	11	0			0	
積立不足額	積立不足額 割増償却の場合 (8)-(7)	12					
	初年度特別償却の場合 (8)-(7)-(9) (7)-9≦0の場合は(8)	13					
	翌期に繰り越すべき積立不足額 (10)-(7)	14	0			0	
	当期において切り捨てる積立不足額又は合併等特別償却準備金積立不足額	15					
	差引翌期への繰越額 (14)-(15)	16	0			0	
	翌期への繰越額の内訳	17					
	当期分 (12)又は(13)	18					
	計 (17)+(18)	19					
	当期積立額のうち損金算入額 (7)と(10)のうち少ない金額	20	2,000,000			2,000,000	
	合併等特別償却準備金積立不足額 (8)-(7)	21					
翌期繰越額の計算	積立事業年度	22	・・	・・	・・		
	各積立事業年度の積立額のうち損金算入額	23	円	円	円		
	期首特別償却準備金の金額	24					
	当期益金算入額 均等益金算入による場合 (23)×12/84,60又は(耐用年数×12)	25					
	同上以外の場合による益金算入額	26					
	合計 (25)+(26)	27					
	期末特別償却準備金の金額 (24)-(27)	28					

　この積立金方式の会計処理を適用しますと，臨時的収益や軽減措置に伴う損金計上などが損益計算書への表示から除外されますので，継続的な視点においては毎期経常的な経営成績の表示となり，銀行受けのいい見栄えの良い決算書を作成することができます。

　最近では，外部の企業評価採点が営業取引に影響する場面が大きくなりました。税務面だけでなく，会計面についても気を配ることが重要です。

なお，準備金の積立額は，原則として，将来の事業年度において取り崩され，「益金の額」に算入されます。

たとえば，海外投資等損失準備金では，積立事業年度末の翌日から5年間据え置いて，以後5年間に均等額が取り崩されます。

特別償却準備金では，積立事業年度の翌事業年度から7年間に均等額が取り崩されます。

したがって，特別償却や圧縮記帳と同様に，準備金の積立ては**課税繰延措置**に過ぎません。

ただし，準備金積立金額に見合う税額が積立時に法人税として支出しないので，将来に猶予されたことになり，その納税猶予額を資金として運用できますので，国家から一種の「無利息融資」を受けたことになります。

3-25 法人税法では役員の範囲が広い！

法人税法上，給与は，「雇用契約」による**使用人給与**と「委任に準ずる契約」による**役員給与**に区分されています。

中小企業では，オーナーが代表取締役社長などの役員になっている場合が多いのではないでしょうか。

このような場合，役員の給与額を恣意的に増減することによって企業の利益を簡単に操作でき，自動的に法人税額を操作することができます。

そこで，法人税法上，**使用人給与**は，原則として，全額損金算入されますが，**役員給与**には，その地位の特殊性から損金算入に制限が加えられています。

つまり，法人が役員に対して支給する給与については，一定の要件を満たしたものだけが損金算入額として認められています。

したがって，法人から支給を受ける者が役員であるか使用人であるかによって，税法上の取扱いが異なりますので，役員の範囲決定は重要となります。

　法人税法上の**役員**とは，「法人の取締役，執行役，会計参与，監査役，理事，監事および清算人」（会社法上の役員）並びにこれら以外の者で法人の経営に従事している者とされています。

　会社法上の役員でなくても，資金・設備・人事・販売・製造計画などに自己の意思を表明し，主要な業務執行の意思決定に参画できる者は，「役員」とみなされます。

　たとえば，相談役や顧問といった人は，法人の経営に従事している者として**みなし役員**に該当します。

　さらに，「同族会社」の使用人であっても，次のように一定割合以上の持株を有する者も**みなし役員**（同族会社の「特定役員」）に該当します。

(1)　株主グループを持株（配偶者の持株も含みます）の割合が最も大きい順に並べて，判定の対象となる使用人が次の株主グループのいずれかに属している。

　　①　第1順位の株主グループの持株割合が50%を超える場合における当該株主グループ

図表3－17　法人税法上の役員と使用人の区分

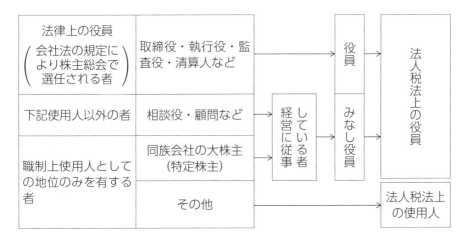

②　第1順位と第2順位の株主グループの持株割合を合計した場合，その持株割合が50%を超える場合における当該株主グループ

③　第1順位から第3順位までの株主グループの持株割合を合計した場合，その持株割合が50%を超える場合における当該株主グループ

(2)　当該使用人が属している株主グループの持株（配偶者の持株も含みます）の割合が10%を超えている。

(3)　当該使用人の持株（配偶者の持株も含みます）の割合が5%を超えている。

　なお，**同族会社**とは，株主等の3人以下および同族関係者の有する株式等の合計が当該会社の発行済株式総数等の50%を超える会社等をいいます。

　同族関係者とは，株主の配偶者・6親等内の血族・3親等内の姻族，株主

図表3−18　「法人税申告書別表二」の様式

同族会社等の判定に関する明細書				事業年度又は連結事業年度	2・1・1 2・12・31	法人名	神楽坂産業株式会社		別表二 令二・四・一以後終了事業年度又は連結事業年度分
同族会社の判定	期末現在の発行済株式の総数又は出資の総額	1	内　200	特定同族会社の判定	(21)の上位1順位の株式数又は出資の金額	11			
	(19)と(21)の上位3順位の株式数又は出資の金額	2	200		株式数等による判定 (11)/(1)	12		%	
	株式数等による判定 (2)/(1)	3	% 100		(22)の上位1順位の議決権の数	13			
	期末現在の議決権の総数	4	内		議決権の数による判定 (13)/(4)	14		%	
	(20)と(22)の上位3順位の議決権の数	5			(21)の社員の1人及びその同族関係者の合計人数のうち最も多い数	15			
	議決権の数による判定 (5)/(4)	6	%		社員の数による判定 (15)/(7)	16		%	
	期末現在の社員の総数	7			特定同族会社の判定割合 (12)、(14)又は(16)のうち最も高い割合	17		%	
	社員の3人以下及びこれらの同族関係者の合計人数のうち最も多い数	8			判　定　結　果	18	特定同族会社 同族会社 非同族会社		
	社員の数による判定 (8)/(7)	9	%						
	同族会社の判定割合 (3)、(6)又は(9)のうち最も高い割合	10	100						

判定基準となる株主等の株式数等の明細								
順位		判定基準となる株主（社員）及び同族関係者		判定基準となる株主との続柄	株式数又は出資の金額等			
					被支配会社でない法人株主等		その他の株主等	
株式数等	議決権	住所又は所在地	氏名又は法人名		株式数又は出資の金額 19	議決権の数 20	株式数又は出資の金額 21	議決権の数 22
1		東京都新宿区神楽坂8丁目	神楽坂　太郎	本　人			150	
1		東京都新宿区神楽坂8丁目	神楽坂　三郎	長男			50	

個人の使用人，これらの同族関係者と関係の深い会社等をいいます。

「同族会社の判定」についても，確定申告時に法人税申告書別表二「同族会社等の判定に関する明細書」を添付しなければなりません。

役員のうちには，使用人の職制上の地位（部長，課長，支店長，工場長，主任等）を併せ持っている者で，常時使用人としての職務に従事している者が存在します。これを**使用人兼務役員**といいます。

ただし，取締役等で経理担当取締役，総務担当取締役というように，使用人としての職制上の地位ではなく，法人の特定の部門の職務を総括している者は，「使用人兼務役員」には該当しません。

法人が「使用人兼務役員」に対して支給する給与については，役員または使用人に対する取扱いと少し異なります。

3-26　役員に対する経済的利益も役員給与となります！

役員給与には，金銭による給与だけでなく，物品や債務免除益その他の経済的利益が含まれます。

金銭給与の代わりに，自社製品・商品や事業用資産を贈与・支給した場合には，その資産の価額に相当する金額が「役員給与」とみなされます。

たとえば，次のような経済的利益の供与も，実質的に役員に対して給与を支給したとみなされ，「役員給与」となりますので，注意を要します。

(a) 役員に対して所有資産を低い価額で譲渡した場合，その資産の価額と譲渡価額との差額に相当する金額

(b) 役員から高い価額で資産を買い入れた場合，その資産の価額と買入価額との差額に相当する金額

(c) 役員に対して有する債権を放棄し，または免除した場合，その放棄し，または免除した債権の額に相当する金額

(d)　役員から債務を無償で引き受けた場合，その引き受けた債務の額に相当する金額

(e)　役員に対してその居住の用に供する土地または家屋を無償または低い価額で提供した場合，通常取得すべき賃貸料の額と実際に徴収した賃貸料の額との差額に相当する金額

(f)　役員に対して金銭を無償または通常の利率よりも低い利率で貸付けをした場合，通常取得すべき利率により計算した利息の額と実際に徴収した利息の額の差額に相当する金額

(g)　役員に対して常時給与される昼食等の費用，接待費・交際費・旅費等の名義で支給したもののうち，その法人の業務のために使用したことが明らかでないもの

(h)　ゴルフクラブ・レジャークラブ等の入会金，年会費等の費用で，役員の負担すべきものを法人が負担した金額

(i)　法人が役員を被保険者・保険金受取人とする生命保険契約を締結し，その保険金の一部または全部を負担した金額

法人税法上，役員に対して支給する物品その他の経済的利益も，金銭による給与と同様の経済的効果をもたらすと考えられています。

3-27　役員給与は条件付きで損金算入できます！

一般的な役員給与として認められる給与形態には，①「定期同額給与」，②「事前確定届出給与」，③「業績連動給与」があります。

特殊形態の給与として，④「退職給与」，⑤「新株予約権による給与」，⑥使用人兼務役員に対して支給する「役員分給与」があります。

一般的な役員給与として，①「定期同額給与」，②「事前確定届出給与」または③「業績連動給与」とみなされるならば，原則として，「損金の額」

に算入することができます。

したがって，次のような条件を満たさない場合には，「損金の額」に算入できないことになります。

役員給与に対しては，税務上，損金算入が厳しく制限されています

(1)　定期同額給与

定期同額給与とは，支給時期が1か月以下の一定の期間ごとに支給される給与（「定期給与」といいます）で，かつ，当該事業年度の各支給時期における支給額が同額であるものその他これに準ずる給与です。

役員は，通常，事業年度開始後3月以内に開催される定時株主総会で選任され，役員給与の改定が行われますので，定時株主総会の翌月から役員給与が支給されることになる場合にも，事業年度中の各支給時期における支給額が同額ですので，支給期間が12月に満たなくとも「定期同額給与」に該当します。

当初の事業計画によりも大きく利益が出たような場合には，事業年度の途中で役員給与を増額したくなるかもしれませんが，そうすると定期同額給与に該当しなくなり，増額部分は損金算入できなくなりますので，注意が必要です。

なお，「各支給時期における支給額が同額である給与に準ずる給与」には，(a)定時改定給与，(b)臨時改定給与，(c)減額改定給与および(d)概ね一定額の経済的利益の4種類の給与があります。

(2)　事前確定届出給与

事前確定届出給与は，役員の職務につき所定時期に確定額を支給する旨の定めに基づいて支給する給与（定期同額給与・業績連動給与を除きます）であり，しかも，次の(イ)と(ロ)とのいずれか早い日までに，納税地の所轄税務署長に確定額支給の内容に関する一定事項を届け出た給与をいいます。

(イ)　株主総会等の決議によりその給与に係る定めをした場合におけるその決議日（その決議日が職務執行開始日後である場合にはその開始日）から1か月を経過した日

(ロ)　その会計期間開始日後から４か月を経過した日

　この事前確定届出給与制度は，期首に予想される臨時的な収益に対し，役員賞与を損金化するのに役立ちます。

　大きな収益計上の可能な工事が完成するとか，請負サービスが完了する場合などのほかに，役員保険契約が満期を迎えるなどの場合には，あらかじめ届け出た役員賞与を損金算入しましょう。

　ただし，事前確定届出給与制度を利用して月額を低く抑え，賞与のような形で一時に支払う金額を大きくすることで社会保険料を節約する方がいらっしゃいますが，この方法を採ったまま退職した場合には，退職金として損金算入が認められる金額が減ってしまうことに注意が必要です。

(3)　業績連動給与

　業績連動給与とは，同族会社以外の法人が役員に対して業績に連動して支給する給与のうち，(a)算定方法要件，(b)支給期限要件および(c)損金経理要件を満たすものをいいます。

　なお，使用人兼務役員が受ける「給与」については，「役員分給与」については「役員給与」に対する取扱いに服しますが，「使用人分給与」については，原則として，全額が損金算入されます。

3-28　不相当に高額な役員給与の取扱いとは？

　一定の条件を満たす役員給与であっても，不相当に高額な部分とみなされる金額は「損金の額」に算入されません。

　「不相当に高額な部分の金額」は，(イ)実質基準と(ロ)形式基準によって判断されます。

　実質基準と形式基準に該当する場合には，いずれか多い金額が損金の額に算入できません。

(イ)　実質基準

　　給与の額が，職務の内容，収益の状況，使用人に対する給料の支給状況，同業・同規模法人の役員給与の支給状況等に照らして，その役員の職務に対して「不相当に高額」と認められる部分の金額

(ロ)　形式基準

　　定款の規定・株主総会等の決議により，給与として支給することができる限度額を超える場合，その限度額を超える金額

　「実質基準」の定めは抽象的であるため，その判断に迷いますが，税務署との見解の相違が多い事項ですので，気を付けて下さい。

　なお，退職した役員に支給した「退職給与の額」も，業務期間，退職の事情，同種事業を営む法人の事業規模が類似するものの役員に対する退職給与の支給の状況等に照らし，相当であると認められる金額を超える場合，その超える部分の金額は，「不相当に高額な部分の金額」として損金算入されません。

3-29　交際費は原則として損金不算入になります！

(1)　法人税法上の交際費等とは何？

　交際費等とは，販売拡張・促進に支出される交際費，接待費，機密費等の費用で，得意先，仕入先その他事業に関する者等に対する接待，慰安，贈答，きょう応，その他これらに類似する行為のために支出される費用をいいます。

　接待等の相手方は，直接的にその法人の営む事業に取引関係のある者に限らず，間接的にその法人の利害に関係ある者およびその法人の役員，従業員，株主等も含まれます。

　「交際費等」には，たとえば次のような費用が該当し，その他これに類する費用等があります。

①　法人の社屋新築記念・何周年記念における宴会費・記念品代・交通費，

新船建造・土木建築等における進水式・起工式・落成式等における費用

② 得意先・仕入先等,社外者の慶弔(けいちょう)・禍福(かふく)に支出する金品等の費用

③ 得意先・仕入先等を旅行・観劇等に招待する費用等

④ 総会屋等に対し会費,賛助金,寄附金,広告料,購読料等の名目で支出する金品に係るもの

⑤ 建設業者等が工場の入札に際して支出する「談合金」

ただし,次のような費用は「交際費等」の範囲から除外されます。

(a) もっぱら従業員の慰安のための運動会・演芸会・旅行等に通常要する費用(福利厚生費)

(b) 飲食に要する費用(法人の役員・従業員またはこれらの親族に対する接待等の支出を除きます)で参加者1人当たりの金額が5,000円以下の飲食費(少額社外飲食費)

(c) カレンダー,手帳,うちわ等の物品を贈与するために通常要する費用(少額広告宣伝費)

(d) 会議に茶菓子,弁当等の飲食物を供与するため通常要する費用(会議費)

(e) 出版物等の記事収集,または放送の取材に通常要する費用(取材費)

(f) 災害時における取引先に対する売掛債権の免除,災害見舞金等・自社製品等の提供など

(2) 交際費等との区分に紛らわしい隣接費用とは?

事業に直接関係のない者に金銭・物品等を贈与した場合,それが「寄附金」であるか「交際費」であるかは個々の実態によって判定すべきですが,金銭で行った贈与は原則として**寄附金**であるとされます。

販売促進の目的で特定地域の得意先に販売奨励金等として金銭または事業用資産を交付する場合の販売費等は,「交際費等」に該当しませんが,金銭の全部または一部が旅行・観劇等の招待費用の負担額として交付される場合には,その負担額相当額は**交際費等**に該当します。

　不特定多数の者に対する宣伝効果を意図する金品の交付等は**広告宣伝費**，特定の者に対する接待・贈答等を意図する金品の交付等は**交際費等**として扱われます。

　得意先に贈答する御中元・御歳暮は「交際費等」として扱われますが，次のような費用は，不特定多数の者に対して宣伝するための**広告宣伝費**として税務処理（すなわち損金算入）できます。

- (イ)　製造業者または卸売業者が，抽選等により一般消費者を旅行・観劇等に招待する費用または金品を交付する費用
- (ロ)　製造業者または卸売業者が，金品引換券付販売に伴い，一般消費者に対し金品を交付する費用
- (ハ)　一般の工場見学者等に製品を試飲・試食させる費用
- (ニ)　見本品・試用品の供与に通常要する費用

　社内の行事に際して支出される金品等で，次に掲げる費用は「交際費等」ではなく，**福利厚生費**として損金算入されます。

- (イ)　創立記念日，国民祝日，新社屋落成式等の祝賀会に際して，従業員におおむね一律に社内で供与する通常の飲食に要する費用
- (ロ)　従業員（退職者を含みます）およびその親族の慶弔（けいちょう）・禍福（かふく）に際して，従業員等に一定の基準に従って支給する金品に要する費用

　「福利厚生費」として損金算入できるためには，従業員におおむね一律に社内で供与し，一定の基準に従って支給する金品に要する費用に限られます。

　したがって，得意先，仕入先その他事業に関する者等の慶弔・禍福に際して，支給する金品に要する費用は**交際費等**として取り扱われます。

　従業員等に支給する下記費用は，**給与**の性質を有しますので，「交際費等」に含めません。

- (イ)　常時給与される昼食等の費用
- (ロ)　自社製品・商品等を原価以下で販売した場合の原価に達するまでの費用

(ハ) 機密費，接待費，交際費，旅費等の名義で支給したもののうち，その法人の業務のために使用したことが明らかでないもの

後述しますように，「交際費等」は原則として「損金不算入」となりますので，税務署も「交際費等」の決算処理には目を光らせています。

交際費を広告宣伝費・福利厚生費・旅費交通費等に付け替えて，交際費等の損金不算入を縮小することによって脱税する法人が多いからです。

たとえば，得意先接待の送り迎えのためにタクシーを利用して，タクシー代を「旅費交通費」として経理処理していたとしても，税務署は**交際費等**として取り扱います。

(3) 中小法人等には交際費等の損金算入に特例措置があります！！

「交際費等」の支出は，企業会計上，営業活動にとって必要な費用として計上できますが，税法では，冗費節約，財政収入確保等の理由により，原則として，損金算入に制限が設けられています。

すなわち，1人当たり5,000円以下の**少額社外飲食費**を除き，「交際費等」は原則として「損金の額」に算入されません。

ただし，平成26年4月1日以後に開始する事業年度から，交際費等の額のうち接待飲食費の50％相当額が「損金の額」に算入されることになりました。この税務措置を「接待飲食費の損金算入特例」といいます。

資本金の額等（資本金・資本準備金・利益積立金の合計額）が100億円を超える法人については，令和2年4月1日以後に開始する事業年度から令和4年3月31日までの間に開始する事業年度まで，「接待飲食費の損金算入特例」の対象法人から除外されます。

なお，資本金が1億円以下である**中小法人等**については，定額控除限度額（年間800万円）を超える金額を損金不算入する特例措置との選択適用が認められています。

図表 3 −19　交際費等の損金算入限度額

(1)　資本金の額等 100 億円超の法人

接　待　飲　食　費	接待飲食費以外の交際費等 （贈答品・慶弔費等）
全　額　損　金　不　算　入	

(2)　資本金の額等 100 億円以下の法人（中小法人等を除く）

接　待　飲　食　費		接待飲食費以外の交際費等 （贈答品・慶弔費等）
50% 損金算入	50% 損金不算入	全額損金不算入

(3)　中小法人等

接　待　飲　食　費	接待飲食費以外の交際費等 （贈答品・慶弔費等）
定額控除限度額 800 万円と接待飲食費特例措置（50% 損金算入措置）との選択適用	

　たとえば，中小法人の年間交際費が2,000万円であり，そのうち接待飲食費が(a)1,800万円の場合，(b)1,200万円の場合における交際費等の有利な損金算入額は次のように計算します。

(a)　1,800万円×50％＝900万円　　　∴900万円
　　（交際費等の損金不算入額：1,100万円）

(b)　1,200万円×50％＝600万円　　　∴800万円
　　（交際費等の損金不算入額：1,200万円）

　交際費等の損金算入額は，確定申告時に法人税申告書別表十五「交際費等の損金算入に関する明細書」で申告する必要があります。

図表3-20 「法人税申告書別表十五」の様式

別表十五　令二・四・一以後終了事業年度分

交際費等の損金算入に関する明細書

事業年度	2・1・1 ～ 2・12・31	法人名	神楽坂産業株式会社

		円			円
支出交際費等の額 (8の計)	1	20,000,000	損金算入限度額 (2)又は(3)	4	9,000,000
支出接待飲食費損金算入基準額 (9の計)×$\frac{50}{100}$	2	9,000,000	損金不算入額 (1)-(4)	5	11,000,000
中小法人等の定額控除限度額 ((1)の金額又は800万円×$\frac{12}{12}$相当額のうち少ない金額)	3	8,000,000			

支出交際費等の額の明細

科目	支出額	交際費等の額から控除される費用の額	差引交際費等の額	(8)のうち接待飲食費の額
	6	7	8	9
	円	円	円	円
交際費	20,000,000		20,000,000	18,000,000
計	20,000,000		20,000,000	18,000,000

3-30　寄附金にも損金算入に限度額制限があります！

⑴　寄附金は税務処理上 4 つに分類されます！

　寄附金とは，寄附金，拠出金，見舞金その他いずれの名義を問わず，金銭
等の資産または経済的利益の贈与または無償供与などをいいます。

　なお，前述しましたように，時価より低い価額で資産を譲渡する低廉譲渡
の場合にも，時価とその対価の差額は「寄附金」とみなされます。

　債権放棄，建物の無償貸与，無利息貸付，事業者間の取引で生じた見舞金・
寄附金，神社仏閣のお祭りに際して寄進する寄贈金なども「寄附金」に該当
します。

　法人税法上，寄附金の相手先・内容によって損金算入できる金額に差異を
付けるために，寄附金は次のように 4 種類に分類されています。

　①　国または地方公共団体に対する寄附金

　②　財務大臣が指定した寄附金（一般的に「指定寄附金」といいます）

　③　特定公益増進法人等に対する寄附金

　④　一般の寄附金

「国または地方公共団体に対する寄附金」は，直接に国，都道府県または
市町村に対して支出する寄附金です。

　指定寄附金とは，公益事業を行う法人に対する寄附金で，広く一般に募集
され，教育または科学の振興，文化の向上，社会福祉への貢献等公益の増進
に寄与するための支出で，緊急を要するものに充てられることが確実である
ものとして財務大臣が指定したものをいいます。

「特定公益増進法人等に対する寄附金」は，教育または科学の振興，文化
の向上，社会福祉への貢献その他公益の増進に著しく寄与する法人等で，法
令で定められている特定公益増進法人等（たとえば，日本赤十字社，日本私
立学校振興・共済事業団，日本学術振興会，日本国際交流センター等）に対

する寄附金です。

一般の寄附金は，前記(1)・(2)・(3)以外の寄附金のことであり，ほとんどの寄附金がこの一般の寄附金に該当することになります。

(2) 寄附金の損金算入限度額の計算とは？

企業会計上，寄附金は費用となりますが，法人税法では，冗費節約，財政収入確保等の理由により，「一般の寄附金」については，一定の限度額を超える場合には，その超える金額は「損金不算入」となります。

ただし，(1)国または地方公共団体に対する寄附金，(2)指定寄附金は，その全額を「損金の額」に算入できます。

また，「特定公益増進法人等に対する寄附金」については，損金算入限度額を超える場合，その損金算入限度額に相当する金額を損金に算入できます。

図表3−21では，「一般の寄附金」の損金算入限度額，「特定公益増進法人等に対する寄附金」の損金算入限度額の計算式が示されています。

図表3−21 寄附金の損金算入限度額

(A) 一般寄附金の損金算入限度額

(a) 普通法人等（普通法人、共同組合等、人格のない社団等）

$$
\left.
\begin{array}{l}
\text{所得金額} \times \dfrac{2.5}{100} \\[2ex]
\text{資本金等の額} \times \dfrac{\text{月数}}{12} \times \dfrac{2.5}{1,000}
\end{array}
\right\} \text{合計} \times \dfrac{1}{4}
$$

(b) 資本・出資を有しない法人等、一般社団法人・一般財団法人

$$
\text{所得金額} \times \dfrac{1.25}{100}
$$

(B) 特定公益増進法人等に対する損金算入限度額

$$
\left.
\begin{array}{l}
\text{所得金額} \times \dfrac{6.25}{100} \\[2ex]
\text{資本金等の額} \times \dfrac{\text{月数}}{12} \times \dfrac{3.75}{1,000}
\end{array}
\right\} \text{合計} \times \dfrac{1}{2}
$$

(C) 国または地方公共団体への寄附金および指定寄附金の全額

なお，令和4年4月1日以後に開始する事業年度から，前記算式における

「資本金等の額」は「資本金の額および資本準備金の額の合計額」となります。

つまり,「資本金等の額」から利益積立金額は除外されることになりました。

3-31　売上割戻し（リベート）は原則として損金に算入できます！

一定期間内に多額または多量の取引をした得意先に対して，売上代金の一部を返戻することがあります。

この返戻金を**売上割戻し**（キャッシュバック）といい，損金算入または売上控除できます。

損金算入または売上控除の時期は，相手方（得意先）との契約内容によって次のように異なります。

① 　売上割戻しの算定基準が販売価額または販売数量により，かつ，契約等によって相手方に明示されている場合，原則として，「販売日」の属する事業年度に計上します。

　　ただし,継続適用を条件にして,売上割戻し金額の「通知日」または「支払日」の属する事業年度に計上することができます。

② 　前記①以外の場合,原則として,売上割戻し金額の「通知日」または「支払日」の属する事業年度に計上します。

　　ただし，売上割戻しの算定基準が内部で決められている場合，その算定基準により計算した金額を期末に「未払金」として計上し，申告期限までに相手方に通知したときは，その未払金の計上が認められています。

③ 　前記①または②に該当する場合であっても，相手方との契約等により特約店解約，災害等特別な事実の発生，または5年を超える一定期間が経過するまで相手方名義の保証金等として預かる場合，現実の「支払日」の属する事業年度に計上します。

決算日前後に商品を販売した場合，節税対策のために当該事業年度の所得

金額を縮小したければ，算定基準を相手方に明示することによって「販売日」に損金計上できるようにする方がよいでしょう。

売上割戻しの金銭支払いに代えて，その資金で得意先を旅行・観劇等に招待できますが，その金額は**交際費等**として処理され，原則として，損金不算入となりますので，注意を要します。

ただし，売上割戻しの金銭支払いに代えて，事業用資産（たとえば，ハム製造業者のハム製品等）または少額物品（購入単価がおおむね3,000円以下の物品）を得意先に売上割戻しとして提供した場合には，**売上割戻し**として損金算入できます。

図表3−22 売上割戻しと交際費等の区分

金　　銭			→ 売上割戻し
物品	事　業　用　資　産		→ 売上割戻し
	その他の資産	少額物品	
		その他の物品	→ 交際費等
旅行・観劇等の招待費用			→ 交際費等

3-32　入会金等の費用の取扱いとは？

(1)　法人会員のゴルフクラブ入会金は償却されません！

「法人会員」として支出する**ゴルフクラブ入会金**は，「非償却資産」として償却されません。

ただし，記名式の法人会員で名義人たる特定の役員または使用人が，もっぱら法人の業務に関係なく利用するものと認められるときは，これらの者に対する「給与」として処理されます。

脱退してもその返還を受けることができない入会金は，脱退時に「損金の

額」に算入します。

　年会費，年決めロッカー料，その他の費用は，資産に計上した場合には「交際費等」とし，給与とした場合には当該役員または使用人の「給与」として処理されます。

　「個人会員」として支出するゴルフクラブ入会金は，個人会員たる特定の役員または使用人に対する「給与」となります。

　ただし，無記名式の法人会員制度がないために個人会員として入会し，法人の業務遂行上必要であると認められるときは，「資産」として計上します。

　その場合における年会費，年決めロッカー料等の費用は，当該役員または使用人の「給与」として処理されます。

(2)　レジャークラブ入会金等も償却されません！

　宿泊施設・体育施設・遊技施設等の**レジャークラブの入会金**については，前記ゴルフクラブ入会金の取扱いを準用します。

　ただし，会員としての有効期間が定められ，脱退時に入会金相当額の返還を受けることができない場合には，「繰延資産」として償却することができます。

　年会費その他の費用は，使途に応じて「交際費等」，「福利厚生費」または「給与」として処理されます。

(3)　社交団体の入会金等は交際費等として取り扱われます！

　社交団体の入会金・経常会費ついては，「交際費等」として取り扱われます。

　経常会費以外の費用で，業務遂行上必要なものは「交際費等」として，会員個人の負担すべきものは「給与」として処理されます。

　「個人会員」として入会する場合には，入会金，経常会費および経常会費以外の費用は「給与」として取り扱われます。

　ただし，法人会員制度がないため「個人会員」として入会した場合，入会が業務遂行上必要であるときは，入会金は「交際費等」となります。

⑴　有価証券の期末評価・譲渡原価のための分類とは？

　有価証券は，その期末評価法の相違等に基づいて「売買目的有価証券」,「満期保有目的等有価証券」および「その他有価証券」に区分されます。

　売買目的有価証券は，短期的な価格変動を利用して利益を得る目的（短期売買目的）で取得した「専担者売買有価証券」および「その他の売買目的有価証券」に分けられます。

　「専担者売買有価証券」とは，短期売買目的で行う取引に専ら従事する者が短期売買目的で取得したものです。

　「その他の売買目的有価証券」は，「専担者売買有価証券」以外の有価証券であっても，取得日に短期売買目的で取得した旨を帳簿書類に記載したものです。

　一般的な事業法人が取得する有価証券では，税務上「売買目的有価証券」と認められるためには，短期売買目的取得の帳簿書類記載が必要です。

　満期保有目的等有価証券は，次のような有価証券から成り立っています。

　㈡　償還期限・金額の定めのある有価証券のうち償還期限まで保有する目的で取得し，取得日にその旨を帳簿書類に記載した「満期保有目的有価証券」

　㈤　法人の特殊関係株主等が発行済株式数の総数または出資金額の20%以上に相当する株式数または金額を有する「企業支配株式」の当該特殊関係株主が保有する株式または出資

　その他有価証券には，売買目的有価証券・満期保有目的等有価証券以外の有価証券が該当します。

⑵　有価証券の取得価額はどのように算定しますか？

　すでに発行されている有価証券を「購入」により取得した場合，購入代価

に付随費用を加えた金額を有価証券の取得価額とします。

　付随費用を販売費・一般管理費として支出年度の経費（損金）に算入することは，原則として，認められません。

　有価証券の**付随費用**としては，証券会社に支払う売買手数料・名義書換料，通信費等があります。

　ただし，有価証券を取得するために支出した通信費や名義書換料は，有価証券の取得価額に含めないことができます。

　利付債権（国・公・社債券等）を利払日と異なる日に購入した場合，前回の利払日から購入日までの経過日数に対応する端数利息は別に計算し，取得価額に含めずに，当該有価証券の購入後最初に到来する利払日まで「前払金」として経理することもできます。

　株主としての権利に基づいて平等に割当てを受け，「金銭の払込み」により取得した有価証券は，払込金額を取得価額とします。

　「払込み」には，土地・建物等の現物出資も含まれ，この場合の払込金額は資産の出資時の価額（時価）となります。

　株主としての権利に基づいて平等に割当てを受けて払込みをする場合以外で，「有利な発行価額」で有価証券を取得した場合には，当該有価証券の払込期日の価額（時価）を取得価額とします。

　「有利な発行価額」とは，当該株式の価額（時価）と発行価額の差額が当該株式の価額のおおむね10%以上の価額をいい，時価と発行価額の差額が時価の10%を超える場合，**受贈益**として課税されます。

　たとえば，株式発行会社から株券（時価500万円）を400万円で購入し，現金で払い込んだ場合，有価証券の取得価額は500万円，有価証券受贈益は100万円です。

　株券の時価（500万円）と発行価額（400万円）との差額（100万円）が時価の10%（50万円）を超えますので，差額（100万円）は**有価証券受贈益**として課税されます。

(3) 有価証券の譲渡原価の取扱いとは？

　有価証券の譲渡原価の1単位当たりの帳簿価額は，「売買目的有価証券」，「満期保有目的等有価証券」および「その他有価証券」に区分し，同じ銘柄ごとに「移動平均法」または「総平均法」により算定します。

　有価証券における**移動平均法**とは，同じ銘柄について，取得するたびに取得直前の帳簿価額を新取得金額と合計し，その時点の数量をもってその合計額を除して平均単価を算出し，その平均単価をもって1単位当たりの帳簿価額（改訂単価）を算定する方法です。

　総平均法とは，同じ銘柄について，期首の帳簿価額と期中の取得価額の合計額をその数量で除して平均単価を算出し，その平均単価をもって1単位当たりの帳簿価額とする方法です。

　有価証券の期末評価には，「売買目的有価証券」，償還期限・償還金額の定めのある「償還有価証券」と「それ以外の有価証券」の区分に応じて，次のような方法が適用されます。

① 売買目的有価証券：時価法
② 償還有価証券：償却原価法
③ 上記①・②以外の有価証券：原価法

　法人税法上，基本的に資産を売却したときに売買損益を計上しますので，事業年度末に資産の評価損益は益金または損金に算入しないことが原則です。

　ただし，**売買目的有価証券**は事業年度末に時価評価され，**時価法**による**有価証券評価益**または**有価証券評価損**は「益金の額」または「損金の額」に算入されます。

　たとえば，売買目的のために500万円の有価証券を購入していましたが，当該事業年度末に600万円に上昇した場合には，100万円（＝600万－500万円）の**有価証券評価益**は益金に算入されます。

　ただし，翌事業年度開始時には，「損金の額」または「益金の額」に算入しなければなりません。

　したがって，翌事業年度開始時における帳簿価額は，当該事業年度末の評価益を減算した金額（500万円），または当該事業年度末の評価損を加算した金額に戻ります。

　つまり，「時価法」による有価証券の評価損益は，**洗替え方式**により翌期首には戻し入れられていますので，翌事業年度に当該評価損益は相殺されることになっています。

　売買目的有価証券・償還有価証券以外の有価証券に適用される**原価法**とは，事業年度末に有する有価証券を帳簿価額のままで評価する方法です。

　償還有価証券に適用する**償却原価法**とは，前事業年度末の帳簿価額に調整差益または調整差損を加算または減算した金額を当該事業年度末の帳簿価額とし，その加減額を「益金の額」または「損金の額」に算入する方法です。

　たとえば，当期首に償還有価証券として社債（額面金額：1,000万円，償還期限：5年）を950万円で割引購入していた場合，当該事業年度末に調整差益（有価証券利息）の10万円（＝（1,000万円－950万円）÷5年）を益金に算入するとともに，帳簿価額を960万円（＝950万＋10万円）に増額することになります。

⑷　**算定方法の選定・変更は税務署に届けなければなりません！**

　一単位当たりの帳簿価額の算出方法は，売買目的有価証券，満期保有目的等有価証券，その他有価証券に区分し，銘柄または種類ごとに選定した算出方法を書面により所轄税務署長に届け出なければなりません。

　なお，有価証券の**法定算出法**としては，「移動平均法」が採用されています。

　算出方法の変更には，変更する事業年度の開始日の前日までに所轄税務署長に「変更承認申請書」を提出し，承認を受ける必要があります。

　ただし，①変更する算出方法では適正な所得計算が行われ難いと認められる場合，②現に採用している算出方法が相当期間（3年）を経ていない場合には，税務署長は申請を却下することができます。

　所得金額または税額計算の基礎となる事実の全部または一部の隠蔽仮装^{いんぺいかそう}行為^{こうい}により，法人税を減少させる場合，当該行為に要する費用または損失の額は，「損金の額」に算入されません。

　ここに**事実の隠蔽**とは，売上除外，棚卸資産の一部除外，証拠資料の破棄等，課税要件に該当する事実を隠すことをいいます。

　事実の仮装とは，架空仕入，架空人件費等，存在しない課税要件事実が存在するかのように見せかけることをいいます。

　さらに，国税に係る延滞税・過少申告加算税・無申告加算税・不納付加算税・重加算税，「印紙税法」の規定による過怠税^{かたいぜい}および「地方税法」の規定による延滞金・過少申告加算金・不申告加算金・重加算金のような延滞税・加算税等の額は，各事業年度の所得計算上，「損金の額」に算入できません。

　内国法人が納付する①罰金・科料および過料，②「国民生活安定緊急措置法」，「独占禁止法」および「金融商品取引法」の規定による課徴金・延滞金のような罰科金等の額も，「損金の額」に算入できません。

　従業員が仕事中に犯した交通違反のために，法人が交通反則金を支払うこともありますが，**交通反則金**を負担しても法人の「損金の額」として算入できません。

　内国法人が供与する刑法に規定する賄賂^{わいろ}または不正競争防止法に規定する外国公務員等に対する不正に供与する金銭等の利益の額に相当する費用・損失の額も，「損金の額」に算入できません。

　このような不正行為等に係る費用・損失を損金算入すれば，税負担が軽減され，制裁的効果が軽減されることになりますので，「損金不算入措置」が採られています。

3-35　税金には損金算入できる税金とできない税金があります！

　事業を営んでいますと，「法人税法」の規定による法人税のほかに，「登録免許税法」による登録免許税，「印紙税法」による印紙税，「地方税法」の規定による法人住民税，法人事業税，不動産取得税，自動車税，固定資産税，事業所税等，さまざまな税金を納めなければなりません。

　法人税法では，「損金不算入となる税金」と「損金算入できる税金」に分けられています。

　法人税（本税），法人住民税および法人事業税は，利益処分項目であり，税額を算定するに当たり適用税率を税込みで決められていますので，「損金不算入」となります。

　法人事業税は，申告事業年度の翌事業年度に損金算入されますが，中間申告分については，期中に納付し，損金経理していれば，当該事業年度に損金算入できます。

　前述しましたように，延滞税・過怠税・延滞金のような加算税等の額は，各事業年度の所得計算上，「損金の額」に算入できません。

　また，法人税から控除する場合における所得税（源泉徴収税）および外国税額には，「損金不算入措置」を採る必要があります。

　ただし，法人税から控除しない場合には，「損金算入措置」を採ることもできます。

　不動産取得税，自動車税，固定資産税，都市計画税，事業所税等の地方税は，**賦課決定**（都道府県知事または市町村長が税額を決め，通知することをいいます）のあった日または納付した日の属する事業年度に損金算入されます。

　登録免許税，印紙税，自動車重量税等の「国税」も損金算入できる税金です。

　法人税，法人事業税，自動車税，固定資産税，事業所税等の「利子税」は，借入金の利息が経費として損金算入されますように，納付した日の事業年度

に損金算入されます。

損金不算入の租税公課と損金算入の租税公課

損金不算入の租税公課	損金算入の租税公課
法人税，法人住民税，法人事業税，延滞税，過少申告加算税，無申告加算税，不納付加算税，重加算税，過怠税，延滞金，過少申告加算金，不申告加算金，重加算金，法人税から控除する所得税，罰金，科料，過料，交通反則金など	登録免許税，印紙税，自動車重量税，期中納付の法人事業税，不動産取得税，固定資産税，都市計画税，自動車税，事業所税，軽油取引税，軽自動車税，利子税，法人税から控除されない所得税など

3−36　借地権等と「相当の地代」とは何？

　借地権（建物・構築物等の地上権，土地の賃借権）または地役権（通行地役権，用水地役権等）の設定により土地を使用させ，または借地権の転貸その他他人に借地権に係る土地を使用させた場合，使用対価として通常収受する権利金その他一時金（以下，権利金等といいます）は，土地所有者側では「益金の額」に算入し，借地人側では**借地権**として無形固定資産（非減価償却資産）に計上します。

　権利金等の収受に代えて，土地（借地権者では借地権）の価額に照らし，その使用対価として「相当の地代」を収受している場合には，正常な取引条件で行われたものとして所得計算を行います。

　借地権の設定等により他人に土地を使用させた場合，収受する地代の額が当該土地の更地価額（公示価額，相続税評価額または相続税評価額の過去3年間の平均額）に対しておおむね6％程度であるときは，その地代は**相当の地代**に該当します。

　ただし，収受する地代が「相当の地代」の額に満たない場合，原則として，

一定の算式により計算した金額から実際に収受している権利金および特別の経済的利益の額を控除した金額を借地人等に対して贈与したものとみなされます。

すなわち，権利金等の**認定課税**が行われ，借地権対価の収受があったものとして，借地権者に**受贈益**（法人の役員または使用人である場合には，**給与**），土地所有者に**寄附金**が生じたものとみなされます。

なお，通常，権利金の授受を伴う土地の使用に権利金を収受しない場合であっても，「相当の地代」の額を収受し，次の条件のすべてを満たしている場合には，権利金等の**認定課税**は行われません。

① 権利金または特別な経済的利益の授受が行われていない。

② 契約書で，将来における土地の無償返還が定められている。

③ 借地人等との連名で，前記②の旨を記載した「土地の無償返還に関する届出書」を遅滞なく当該法人の納税地の所轄税務署長に届け出ている。

3-37　青色申告法人では赤字を10年間繰り越せます！

法人税の課税対象は，事業年度ごとに独立して各事業年度の課税所得としています。

原則として，過去の事業年度からの「繰越利益金」や「繰越欠損金」は，当該事業年度の所得計算には関係させません。これを**事業年度独立の原則**といいます。

しかし，事業年度は人為的に期間区画され，法人は事業年度を超えて存在する継続企業を前提としていますので，この原則に例外規定が設けられています。

「青色申告書」を提出し，その後も連続して青色申告書を提出している場合に限り，**欠損金**（赤字）が生じた場合，当該欠損金額の「10年間繰越控除」ができます。

すなわち，欠損金計上後10年以内の事業年度に，当該欠損金を「損金の額」に算入できるのです。

　ただし，各事業年度の所得の金額の50%相当額を限度としています。この特例措置を**欠損金の繰越控除**といいます。

　中小法人には，所得金額の制限はありませんので，各事業年度の所得の金額の100%相当額を限度として「欠損金の繰越控除」を行うことができます。

　たとえば，前事業年度に生じた欠損金（赤字）が300万円であり，当該事業年度の所得金額（黒字金額）が100万円である場合，繰越欠損金300万円のうち所得金額の50%相当額50万円を控除できますが，**中小法人**では，所得金額の100%相当額100万円を「損金の額」に算入できます。

　残りの繰越欠損金200万円（または250万円）は，次年度以降9年以内に所得金額（黒字金額）から控除できます。

　なお，「欠損金の繰越控除」（損金算入）は，古い事業年度に生じたものから順次行わなければなりません。

　青色申告しなかった年度（白色申告事業年度）においても，棚卸資産，固定資産または6号繰延資産（他の者の有する固定資産を利用するために支出されたもの）について，震災，風水害，火災，冷害，雪害，虫害，爆発等による損失の欠損金は，「10年間の繰越控除」ができます。

　また，青色申告事業年度において欠損金が生じた場合，確定申告書の提出と同時に，納税地の所轄税務署長に対し，当該欠損金に係る事業年度（欠損事業年度）開始の日前1年以内に開始した事業年度（還付所得事業年度）の所得に対する法人税額のうち，欠損金額に対応する税額の還付を請求することができます。

　これを**欠損金の繰戻し還付**といい，還付金額は次のように計算されます。

$$還付金額＝還付所得事業年度の法人税額 \times \frac{欠損金額}{還付所得事業年度の所得}$$

　たとえば，前事業年度の所得金額が600万円，法人税額が180万円であり，当該事業年度（欠損事業年度）の欠損金額が400万円であった場合，欠損金の繰戻しによる還付金額は120万円と算定されます。

$$1,800,000円 \times \frac{4,000,000円}{6,000,000円} = 1,200,000円$$

　「繰戻し還付」を受けたが，欠損金額の全額を還付できなかったときは，還付金額の計算の基礎となった金額を除いた欠損金額について，「欠損金の10年間繰越控除」の適用を受けることができます。

　なお，欠損金の繰戻し還付は，平成4年4月1日以降に終了する事業年度には適用できません。

　ただし，解散等の場合，**中小法人**（資本金の額等が5億円以上である大法人による完全支配関係がある法人または完全支配関係がある複数の大法人に発行済み株式等の全部を保有されている法人を除きます）に該当する場合には，「欠損金の繰戻し還付制度」を受けることができます。

　なお，「新型コロナ国税臨時特例法案要綱」によって，資本金10億円以下である法人等の一定の「青色申告法人」が令和2年2月1日から令和4年1月31日までの間に終了する各事業年度において生じた欠損金額については，「繰戻し還付制度」が適用されることになっています。

第**4**章

所得控除と税額控除を活用しましょう

4-1　課税所得を計算する前に所得控除を差し引きます！

⑴　所得控除で課税所得が少なくなります！

　第1章で解説しましたように，各事業年度の所得金額は，決算で確定した
「当期利益」を基礎にして，①益金算入額，②損金不算入額，③益金不算入
額および④損金算入額を加算・減算調整して算定されます。

　さらに，決算利益（当期純利益）に税務調整を施した所得から一定の**所得**
控除を差し引きすることができます。

　したがって，法人税額は，「所得の特別控除」を行って得られた所得金額（課
税所得金額）に対し，所定の法人税率を適用して算出されることになります。

　「所得控除」としては，(a)新鉱床探鉱費または海外新鉱床探鉱費の特別控除，
(b)収用換地等および特定事業の用地買収等の場合における特別控除がありま
す。

⑵　新鉱床探鉱費等によって所得の特別控除ができます！

　資源の乏しいわが国において，鉱業の資源開発のために，探鉱または海外
探鉱のための地質調査・ボーリング・坑道の掘削に要する新鉱床探鉱費また
は海外新鉱床探鉱費に対し，一定金額の**所得控除**が認められています。

　具体的には，探鉱準備金（または海外探鉱準備金）を有する法人が，新鉱
床探鉱費（または海外新鉱床探鉱費）の支出を行ったり，探鉱用機械設備（海
外探鉱用設備）の減価償却を行った場合には，次の3つの基準で計算される

金額のうち，最も少ない金額が損金の額に算入されます。

(a)　準備金益金算入基準額：

　　前期から繰り越された探鉱準備金のうち，3 年経過した場合および任意取崩しの場合の益金算入額

(b)　探鉱費基準額：

　　新鉱床探鉱費および探鉱用機械設備の減価償却費の合計額（国内新鉱床探鉱費といいます）から，上記(a)の探鉱準備金益金算入額が国内新鉱床探鉱費を超える金額を控除した残額

(c)　所得基準額：

　　新鉱床探鉱費に関する規定を適用しないで計算した当該事業年度の所得金額

　たとえば，前期から探鉱準備金の繰越残高（3,000万円）を有している法人において，当期の新鉱床探鉱関連費用が次のような場合，新鉱床探鉱費の特別控除額は最も少ない金額(b)600万円と算定されます。

　㋑　当期の探鉱用機械設備の減価償却額：400万円

　㋺　当期に支出した新鉱床探鉱費：300万円

　㋩　探鉱準備金の当期取崩高：800万円

　㋥　新鉱床探鉱費の規定を適用しないで計算した当期の所得金額

　　(a)　準備金益金算入基準額：800万円

　　(b)　探鉱費基準額：300万円＋400万円－（800万円－700万円）＝600万円

　　(c)　所得基準額：1,000万円

(3)　収用換地・用地買収等によっても所得の特別控除ができます！

　収用換地等による**譲渡益**については，一定の条件（たとえば，公共事業施行者から資産の買収等の申し出のあった日から 6 か月以内に譲渡された場合等）を満たす場合，「圧縮記帳」の適用を受けなければ，5,000万円の特別控除額を限度として「損金の額」に算入されます。

　すなわち，譲渡益が5,000万円を超えるときは，その超える部分の金額は

損金不算入となります。

　公共的な用途（特定事業）のための用地買収等により土地等を譲渡した場合にも，次のような**所得控除**を受けることができます。

　(イ)　特定土地区画整理事業等のために土地等譲渡：2,000万円

　(ロ)　特定住宅地造成事業等のために土地等譲渡：1,500万円

　(ハ)　農地保有の合理化のために農地等譲渡：800万円

　ただし，同一年に複数種類の土地等を譲渡し，異なる特別控除額を受ける場合には，損金算入が認められる控除額の合計額は暦年で5,000万円を超えることはできません。

　たとえば，収用換地による譲渡益が3,000万円，特定土地区画整理事業のための土地譲渡益が6,000万円である場合，特別控除額は5,000万円，損金不算入額は4,000万円と計算されます。

図表4−1　資産譲渡における特別控除限度額計算

譲渡益合計 9,000万円	特定区画整理土地の譲渡益 6,000万円	損金不算入額 4,000万円
		特別控除額 5,000万円
	収用換地による譲渡益 3,000万円	

　なお，令和4年4月1日以後に開始する事業年度から，100％グループ内の各法人の特別控除額の合計額が5,000万円の定額控除額を超える場合には，その超える部分の金額は損金不算入とされます。

　たとえば，親会社と100％子会社がそれぞれ5,000万円の特別控除額を算出し，グループ全体で1億円の特別控除限度額を受けることができましたが，改正後には，グループ全体で5,000万円の特別控除限度額を損金算入することしかできません。

4-2 法人税額の計算順序は複雑です！

各事業年度の所得金額に法人税率を乗じて，「法人税額」は算出されます。「法人税率」は，後述しますように，法人の形態・規模等に応じて異なります。

なお，「特定同族会社の課税留保金額」，「使途秘匿金の支出額」に対しては，特別税率を乗じて「特別税額」が追加課税されます。

このように計算された「算出税額」がただちに「納付税額」となるのではなく，種々の「税額控除」を差し引いて最終の「納付税額」となります。

図表4-2 法人税額の計算順序

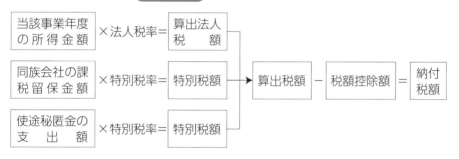

中間申告によって「中間法人税額」を申告・納税していれば，確定申告に際しては，その中間法人税額を差し引いた後の金額を納付すればよいことになります。

「税額控除」には，「租税特別措置法」による税額控除および「法人税法」による税額控除がありますが，控除順序としては，「租税特別措置法」による税額控除が先に行われます。

図表4－3 当期法人税額の計算構造

法人税額 (課税標準×税率)	租税特別措置法による税額控除			
	差引法人税額	法人税額計	法人税法による税額控除	
	特定同族会社に対する特別税額		差引所得に対する法人税額（当期法人税額）	中間法人税額
	使徒秘匿金に対する特別税額			差引確定法人税額

4-3 中小法人には軽減税率があります！

　法人税の**税率**（税額の算出のために課税標準に対して適用される比率）には，所得税に適用されるような「超過累進税率」ではなく，法人の形態・規模あるいは所得の金額・種類等に応じた一定の「比例税率」が用いられます。

　ちなみに**超過累進税率**とは，課税標準（たとえば所得金額）を多数の段階に区分し，より高くなる段階の課税標準の超過額にはより高い税率を用いる税率です。

　比例税率とは，課税標準の大小に関係なく一定割合を用いる税率です。

　「法人税率」は比例税率ですが，前述のように，法人の形態・規模や所得の金額・種類等の相違によって異なります。

　「公共法人」には，法人税の納税義務がありません。「公益法人等」の所得は非課税ですが，34業種の「収益事業」から生じた所得には低税率で課税されます。

　「協同組合等」のすべての所得にも低税率課税が行われ，「人格のない社団等」の所得は非課税ですが，「収益事業」から生じた所得には普通税率で課

税されます。

「普通法人」のすべての所得に対しては，普通税率課税が行われます。

ただし，資本金または出資金の額が1億円以下である**中小法人**（資本金の額等が5億円以上である大法人による完全支配関係がある普通法人，完全支配関係がある複数の大法人に発行済み株式等の全部を保有されている普通法人を除きます）および人格のない社団等においては，年800万円以下の所得金額から成る部分の金額には**軽減税率**が適用されます。

なお，資本金1億円以下の普通法人（**中小法人**），人格のない社団等，公益法人等に対する「軽減税率」19％（本則税率）は，平成24年4月1日から令和3年3月31日までの間に開始する各事業年度の所得金額については15％に引き下げられています。

図表4-4　法人税の税率

法人の種類	普通法人，一般社団法人等，人格のない社団等			協同組合等	公益法人等
	資本金1億円以下の普通法人，一般社団法人等，人格のない社団等		資本金1億円超の普通法人		
	年800万円以下の所得	年800万円超の所得			
税率	19％（または15%)	23.2%	23.2%	19%（または15%)	19%（または15%)

　税額を計算する場合，「所得金額」の1,000円未満の端数，「納付税額」の100円未満の端数は切り捨てます。

　たとえば，中小法人の当該事業年度における所得金額が15,987,583円である場合，次のような手順で法人税額を計算します。

(a)　課税標準（所得金額）：15,987,000円（1,000円未満切捨て）

(b) 法人税額の計算：

① 年800万円以下の所得金額に対する法人税額：

8,000,000円×15%＝1,200,000円

② 年800万円超の所得金額に対する法人税額：

(15,987,000円－8,000,000円) ×23.2%＝1,852,984円

(c) 納付する法人税額：

①＋②＝3,052,900円（100円未満切捨て）

「協同組合等」については，物品供給事業に係る収入金額の総収入金額に占める割合が50%を超え，組合員数が50万人以上，物品供給事業に係る収入金額が1,000億円以上である事業年度につき，所得金額のうち10億円を超える部分に係る税率を22%とします。

4-4 　特定同族会社の留保金額には特別税率で追加課税されます！

特定同族会社とは，一人以下の株主等とこれらの同族関係者が有する株式等の合計額が当該会社の発行済株式総数等の50%以上に相当する会社です。

同族会社は個人経営の色彩の強い会社であり，「特定同族会社」とみなされた場合には，所得のうち一定の限度額（留保控除額）を超えて社内留保したときは，その超過額（**課税留保金額**といいます）にも法人税が課されます。

「課税留保金額」を算出するための**当期留保金額**は，その事業年度の所得金額のうち留保された金額（**留保所得金額**といいます）から，当該事業年度の所得に対する法人税・住民税を差し引いた金額です。

なお，「当期留保金額」から控除される**留保控除額**は，次の算式で計算した金額のうち，最も多い金額です。

① 当該事業年度の所得等の金額×40％

② 2,000万円× $\dfrac{\text{当該事業年度の月数}}{12}$

③ 期末資本金額×25％－（期末利益積立金額－当期に積み立てた利益
積立金額）

図表４－５ 課税留保金額の計算構造

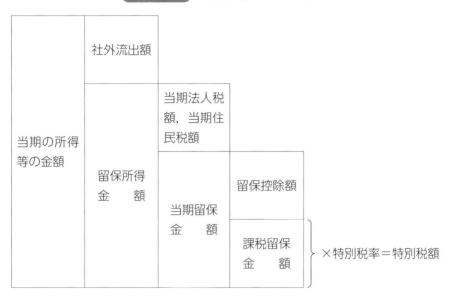

「課税留保金額」に特別税率を適用して算出した法人税額が加算されます。
「特別税率」は，課税留保金額に応じて次のように決められています。

① 3,000万円以下の金額：10％

② 3,000万円を超え１億円以下の金額：15％

③ 　１億円を超える金額：20％

なお，平成19年４月１日以後に開始する事業年度から，資本金の額が１億
円以下である**中小法人**には，中小企業対策のために「特定同族会社の留保金

課税制度」は適用されなくなりました。

つまり，中小法人の特定同族会社であれば，「課税留保金額」に対する追加課税はありません。

ただし，資本金の額または出資金の額が1億円以下である普通法人であっても，①資本金の額等が5億円以上である大法人による完全支配関係がある普通法人，②完全支配関係がある複数の大法人に発行済み株式等の全部を保有されている普通法人には，「特定同族会社の留保金課税制度」は適用されます。

4-5 使途秘匿金にも特別税率で追加課税されます！

法人が支出した金額の支出（贈与，供与その他これらに類する目的のためにする金銭以外の資産の引渡しを含みます）のうち，相当の理由がなく，その相手方の氏名または名称および住所または所在地ならびにその事由をその法人の帳簿書類に記載していないものを**使途秘匿金**といいます。

「使途秘匿金」は，かつては**使途不明金**と通称されていました。

公共事業受注の便宜を図ってもらうために，賄賂や談合のための裏金等は，法人の帳簿書類に記載しないために，「使途不明金」として秘匿されます。

これらの支出は，受け取った人の氏名が公になっては社会的・政治的に困る場合もありますので，支払った法人側ではペナルティを受けても受取人の氏名を明らかにできないのが実状です。

受け取った側で課税されないことも考慮して，社会通念上，使途不明の支出は制裁を受けるべきであるとの観点から，使途秘匿金には課税強化で対抗せざるを得ません。

「使途秘匿金」の支出を行った場合，その支出額について40%の特別税率による法人税が追加課税されます。

追加課税とは，所得金額に関係なく，「税額」を追加的に加算することで

132

すので，赤字法人であっても**中小法人**であっても納税額を上積みされること
になります。

4-6 中小法人には税額控除が多く認められています！

(1)　税額控除の控除順位はどのようになっていますか？

　事業年度の所得金額に法人税率を乗じた「法人税額」に，「特定同族会社
の課税留保金額」と「使途秘匿金」にそれぞれの特別税率を乗じた特別税額
を加算して「算出税額」を算定し，その算出税額から種々の「税額控除」を
差し引いて「納付税額」が計算されます。

　「税額控除」は，会計学上の概念ではなく，納付税額を減額できる税法独
自の概念です。算出税額から控除できますので，永久免税となります。

　「特別償却」が課税繰延措置であるのに対し，「税額控除」は算出税額から
控除できる**永久免税措置**です。

　損金算入できる特別償却限度額や圧縮記帳損とともに減税効果があります
が，「特別償却」や「圧縮記帳」が課税繰延措置に過ぎないのに対し，「税額
控除」には算出税額を控除できる免税効果が伴います。

　基本的には，永久免税効果のある税額控除の方が課税繰延税効果のある特
別償却・圧縮記帳よりも節税には有利です。

　「税額控除」は，「租税特別措置法」による税額控除および「法人税法」に
よる税額控除（仮装経理に基づく過大申告の更正に伴う控除法人税額と二重
課税回避のための控除）に分けられます。

　「税額控除」の順序としては，次のとおり，「租税特別措置法」による税額
控除が「法人税法」による税額控除よりも先に行われます。

　(a)　租税特別措置法による法人税額の特別控除

　(b)　仮装経理に基づく過大申告の更正に伴う控除法人税額

(c)　二重課税排除のための法人税額の特別控除

　(イ)　所得税額控除

　(ロ)　外国税額控除

　なお,租税特別措置法で容認されるような「税額控除」は,「投資税額控除」とも呼ばれ,投資奨励・景気刺激策として米国の「1962年内国歳入法」によって初めて実施され,わが国では,不況対策の一環として昭和53年(1978年)の税制改正により導入されています。

　「租税特別措置法」によって税額控除が認められるためには,青色申告法人になる必要があります。

(2)　租税特別措置法で青色申告法人に認められる税額控除とは？

　投資奨励策・景気対策等の目的で採用されている「特別償却」と同様に,「租税特別措置法」の規定による**税額控除**は時限立法的に認められています。

　したがって,税額控除の適用対象資産・対象法人,適用対象業種・地域,計算方法,適用期間(指定期間),税額控除割合等が変わることがあります。

　わが国では,現在,たとえば下記のような多種・多様な「税額控除」が青色申告法人に認められており,税額控除の順序は任意です。

　(a)　試験研究を行った場合の税額控除

　(b)　高度省エネルギー増進設備等を取得した場合の税額控除

　(c)　中小企業者等が機械等を取得した場合の税額控除

　(d)　沖縄の特定地域で工場用機械等を取得した場合の税額控除

　(e)　国家戦略特別区域で機械等を取得した場合の税額控除

　(f)　国際戦略総合特別区域で機械等を取得した場合の税額控除

　(g)　地域経済索引事業の促進区域内で特定事業用機械等を取得した場合の税額控除

　(h)　地方活力向上地域等で特定建物等を取得した場合の税額控除

　(i)　地方活力向上地域等で雇用者数が増加した場合の税額控除

　(j)　認定地方公共団体の寄附活用事業に関連する寄附金の税額控除

⒦　特定中小企業者等が経営改善設備を取得した場合の税額控除

⒧　中小企業者等が特定経営力向上設備等を取得した場合の税額控除

⒨　給与等の引上げおよび設備投資を行った場合等の税額控除

⒩　革新的情報産業活用設備を取得した場合の税額控除

　ここでは，主に**中小法人・中小企業者等**のみに「税額控除の設定」の優遇措置が認められている税額控除を紹介します。

(1)　試験研究を行った場合の税額控除

　試験研究費の総額に係る税額控除として，増減試験研究費割合（＝当期の試験研究費÷過去３年間の平均売上金額）が８％を超える場合，増減試験研究費割合が８％以下である場合等に一定割合の税額控除が認められていますが，**中小企業者等**（ただし，「適用除外事業者」を除きます）は，試験研究費の12％を乗じた金額が税額控除として調整前法人税額から控除できます。

　この場合の**適用除外事業者**とは，その事業年度開始前３年以内の事業年度における平均所得金額が15億円を超える法人をいいます。

　なお，税額控除の金額は調整前法人税額の25％を限度とします。

(2)　高度省エネルギー増進設備等を取得した場合の税額控除

　中小企業者等（ただし，「適用除外事業者」を除きます）に対しては，取得価額の７％相当額が税額控除となります。

　ただし，法人税額の20％を限度とし，控除限度超過額には１年間繰越可能です。

(3)　中小企業者等が機械等を取得した場合の税額控除

　特定中小企業者等（資本金または出資金が3,000万円以下の法人または農業協同組合等）が特定機械装置等を取得した場合，取得価額（内航船舶には取得価額の75％）の７％相当額が税額控除となります。

　ただし，法人税額の20％を限度とし，控除限度超過額は１年間繰越可能です。

(4)　特定中小企業者等が経営改善設備を取得した場合の税額控除

中小企業者等経営強化法の認定経営革新等支援機関等による経営改善に関する指導・助言を受けた旨の書面の交付を受けた**特定中小企業者等**（ただし，「適用除外事業者」を除き，資本金または出資金が3,000万円以下の法人に限ります）が経営改善設備を取得した場合，取得価額の7％相当額が税額控除となります。

ただし，法人税額の20％を限度とし，控除限度超過額は1年間繰越可能です。

(5) 中小企業者等が特定経営力向上設備等を取得した場合の税額控除

中小企業者等が「特定経営力向上設備等」（生産等設備を構成する機械・装置，工具・器具・備品，建物・附属設備および一定のソフトウェアで，一定の規模のもの）を取得した場合，取得価額の7％（資本金または出資金が3,000万円以下の中小企業者等には10％）相当額が税額控除となります。

ただし，法人税額の20％を限度とし，控除限度超過額は1年間繰越可能です。

(6) 給与等の引上げおよび設備投資を行った場合等の税額控除

中小企業者等（ただし，「適用除外事業者」を除きます）において，「継続雇用者給与等支給額」が前事業年度の「継続雇用者比較給与等支給額」よりも1.5％（中小企業者等以外には3％）以上増加している場合，支給増加額の15％相当額が税額控除となります。

なお，次の要件を満たす場合には，税額控除は給与等支給増加額の25％相当額となります。

① 「継続雇用者給与等支給額」が前事業年度の「継続雇用者比較給与等支給額」よりも2.5％以上増加している。

② 次の要件のいずれかを満たしている。

　(イ) 「教育訓練費の額」が前事業年度の「比較教育訓練費の額」よりも10％以上増加している。

　(ロ) 中小企業等経営強化法の認定を受け，経営力向上計画に記載された経

営力向上を確実に行使した証明がされている。

　中小企業保護対策のために，中小企業者等または特定中小企業者等に含まれる中小法人に対して，「特別償却」の償却割合と同様に，「税額控除」の控除割合は高く設定されています。

(3)　法人税法による税額控除とは？

①　仮装経理に基づく過大申告の更正に伴う法人税額の控除

　仮装経理（いわゆる粉飾決算）に基づき過大な所得金額による確定申告に対して，税務署長が減額更正した場合，法人税額として納付した金額のうち，この更正により減額した部分の税額は，当該更正日に属する事業年度前1年間の各事業年度の法人税額相当額だけを還付し，残額は，その後5年以内の各事業年度の所得に対する法人税の額から順次控除します。

②　所得税額控除

　法人が受け取る利子・配当等について，「所得税法」の規定に従って源泉徴収された「所得税額」（源泉徴収税額）および「復興財源確保法」の規定に従って源泉徴収された「復興特別所得税」は，法人税法上，「損金不算入措置」を講じていれば，法人税額から控除されます。

　所得税法で課税されていた源泉徴収税に対して，法人税法でも課税しますと二重課税となりますので，二重課税を排除するために，「損金算入方式」のほかに「税額控除方式」も認められています。

　この税額控除を**所得税額控除**といい，「損金算入方式」との選択適用となっています。

　低金利時代になったことにより，この所得税額控除をこまめに利用する税理士が少なくなりました。

　しかし，節税は1円から始まります。申告書を見て「所得税額控除」を行っているかで税理士の良し悪しを判断して下さい。

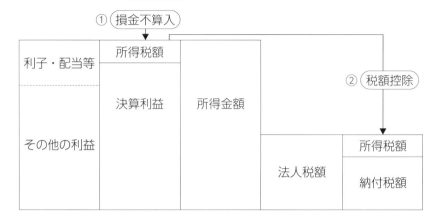

図表4-6 所得税額控除の仕組み

預・貯金の利息に係る源泉徴収税額（所得税額）は全額控除できますが，公社債の利息，受取配当・剰余金の分配，証券投資信託の収益の分配に対する所得税額は，元本の所有期間に対応する金額が法人税額から控除されます。

元本所有期間に対応する「控除所得税額」は，次の算式により計算されます。

$$控除所得税額 = 利息・配当等に対する所得税額 \times \frac{元本所有期間の月数}{利息・配当等の計算期間の月数}$$

源泉徴収税額に「税額控除方式」を採用した場合には，確定申告時に法人税申告書別表六（一）「所得税額の控除に関する明細書」を提出する必要があります。

図表４－７　「法人税申告書別表六（一）」の様式

所得税額の控除に関する明細書

事業年度	2・1・1 ～ 2・12・31	法人名	神楽坂産業株式会社

別表六（一）令二・四・一以後終了事業年度分

区　　分		収　入　金　額 ①	①について課される所得税額 ②	②のうち控除を受ける所得税額 ③
公社債及び預貯金の利子、合同運用信託、公社債投資信託及び公社債等運用投資信託（特定公社債等運用投資信託を除く。）の収益の分配並びに特定公社債等運用投資信託の受益権及び特定目的信託の社債的受益権に係る剰余金の配当	1	200,000	30,630	30,630
剰余金の配当（特定公社債等運用投資信託の受益権及び特定目的信託の社債的受益権に係るものを除く。）、利益の配当、剰余金の分配及び金銭の分配（みなし配当等を除く。）	2	1,000,000	153,150	153,150
集団投資信託（合同運用信託、公社債投資信託及び公社債等運用投資信託（特定公社債等運用投資信託を除く。）を除く。）の収益の分配	3			
割引債の償還差益	4			
そ　　の　　他	5			
計	6	1,200,000	183,780	183,780

剰余金の配当（特定公社債等運用投資信託の受益権及び特定目的信託の社債的受益権に係るものを除く。）、利益の配当、剰余金の分配及び金銭の分配（みなし配当等を除く。）、集団投資信託（合同運用信託、公社債投資信託及び公社債等運用投資信託（特定公社債等運用投資信託を除く。）を除く。）の収益の分配又は割引債の償還差益に係る控除を受ける所得税額の計算

個別法による場合	銘　柄	収入金額 7	所得税額 8	配当等の計算期間 9	所有期間 10	(9)のうち元本所有期間割合 (10)/(9)（小数点以下3位未満切上げ） 11	控除を受ける所得税額 (8)×(11) 12
	○○商事	1,000,000	153,150	12	12	1.000	153,150

銘柄別簡便法による場合	銘　柄	収入金額 13	所得税額 14	配当等の計算期末の所有元本数等 15	配当等の計算期首の所有元本数等 16	(15)-(16)/2又は12（マイナスの場合は0）17	所有元本割合(16)+(17)/(15)（1を超える場合は1） 18	控除を受ける所得税額 (14)×(18) 19

その他に係る控除を受ける所得税額の明細

支払者の氏名又は法人名	支払者の住所又は所在地	支払を受けた年月日	収入金額 20	控除を受ける所得税額 21	参　考
		・　・			
		・　・			
		・　・			
		・　・			
		・　・			
計					

③ 外国税額控除

内国法人が外国法人税を納付していた場合，一定の限度額を**外国税額控除**として，当該事業年度の法人税の額から控除できます。

「外国税額控除」の適用を受けるかどうかは，法人の選択によります。

「外国税額控除」を選択しない場合には，納付した外国法人税額は「損金の額」に算入できます。

外国法人税額の二重課税を排除する措置についても，「税額控除方式」と「損金算入方式」の選択適用が認められています。

基本的には，「税額控除方式」が有利選択となりますが，法人税の納税金額がゼロまたは僅少である場合には，「損金算入方式」の方が有利になるかもしれません。

なお，「国税の控除限度額」の範囲内で控除できないときは，「地方税の控除限度額」の範囲内で控除できます。

納付する外国法人税の額が当該事業年度の国税控除限度額と地方税の控除限度額の合計額を超える控除限度超過額について，3年間の繰越しの制度が認められています。

—————————— 第5章 ——————————

申告と納税を
しっかりマスターしましょう

<table>
<tr><td>5-1</td><td>確定申告書は税務署長に提出しなければなりません！</td></tr>
</table>

(1) 確定申告は決算日から2か月以内に！

　納税義務のある法人は，各事業年度終了日の翌日から2か月以内に，確定決算に基づいて作成した「確定申告書」を所轄税務署長に提出しなければなりません。これを**確定申告**といいいます。

　申告期限が日曜日，国民の日，その他一般の休日または土曜日に当たる場合には，その翌日が申告期限となります。

　なお，申告期限が12月29日から12月31日に当たる場合には，翌年の1月4日（日曜日のときは5日，土曜日のときは6日）が申告期限となります。

　確定申告書には，次のような事項を記載しなければなりません。

(1) 法人名

(2) 納税地

(3) 代表者名

(4) 事業年度

(5) 所得金額（または欠損金額）

(6) 法人税額

(7) 所得税額等の還付金額

(8) 中間納付額の控除金額

(9) 中間納付額の還付金額

⑩　その他参考となるべき事項

そのほかに，当該事業年度の(イ)貸借対照表，(ロ)損益計算書，(ハ)株主資本等変動計算書等，(ニ)前記(イ)・(ロ)に係る勘定科目内訳明細書（電磁的記録によることもできます）および事業等の概況に関する書類等を添付する必要があります。

「確定申告書」を提出した法人は，確定申告に基づく法人税額を法定納期限までに国に納付しなければなりません。

災害その他やむを得ない理由（風水害，地震，火災，法令違反の嫌疑等による帳簿書類の押収およびこれらに準ずるもの）により決算を確定していないため，2か月以内に確定申告書を提出できない場合には，その事業年度終了日後45日以内に申請書を提出し，確定申告書の提出期限を指定された日まで延長することができます。

この申請に対しては，延長または却下の通知は書面で行われますが，2か月以内に通知がない場合には，申請期日どおりの延長があったものとみなされます。

延長が認められますと，延長期間の日数に応じ，年7.3％（本則）の**利子税**を納付しなければなりません。

利子税の割合は，各年の「特例基準割合」が本則割合の年7.3％に満たない場合には，その年には特例基準割合とされます。

特例基準割合とは，前々年の10月から前年の9月までの各月における短期貸付の平均利率の合計を12で除した割合として前年の12月15日までに財務大臣が告示する割合に，年1％を加えた割合をいいます。

なお，会社法上の**大会社**（資本金が5億円以上または負債総額が200億円以上の株式会社）は，税務署長に当初の事業年度終了日までに「申告期限の延長申請書」を提出して申請すれば，確定申告書の提出期限を原則として1か月間またはそれ以上延長することができます。

(2)　中間申告では前年度の半額でもよい！

　事業年度が6か月を超える法人については，当該事業年度開始の日以後6か月を経過した日から2か月以内に，中間納付のために中間申告書を税務署長に提出しなければなりません。

　中間納付税額を算定・申告する**中間申告**には，次の2つの方法があります。

①　前事業年度の税額を基準とする中間申告

　　前事業年度の法人税額を6か月分に換算した金額が，中間納付税額となります。

　　ただし，中間納付税額が10万円以下である場合またはその金額がない場合には，申告書を提出する必要はありません。

②　決算による中間申告

　　中間申告書を提出すべき法人が，当該事業年度開始の日から6か月の期間を1事業年度とみなして，当該期間の所得金額または欠損金額を計算・申告することができます。

　中間申告により納付した法人税額は，「確定申告」のときには控除されます。

　なお，中間申告書の提出期限内に提出しなかった場合には，前記①の前事業年度の税額を基準とする中間申告書の提出があったものとみなされます。

　「中間申告書」を提出した法人は，中間納付税額を法定納期限までに国に納付しなければなりません。

5-2　法人税申告書の様式は複雑です！

　法人税額は，所得金額に税率を乗じて算定されますが，そのプロセスを明らかにする申告書は，基本的には，「法人税申告書別表一」と「法人税申告書別表四」に記載されています。

図表 5 － 1　「法人税申告書別表一」の様式

F B 0 6 1 1

（受付印欄）令和　年　月　日
税務署長殿

納税地　東京都新宿区神楽坂 8 丁目
電話（　　　）　－

（フリガナ）　カグラザカサンギョウカブシキガイシャ
法人名　神楽坂産業株式会社

法人番号

（フリガナ）　カグラザカ タロウ
代表者記名押印　神楽坂　太郎　印

代表者住所　東京都新宿区神楽坂 8 丁目

法人区分
事業種目　その他の各種商品卸売業
期末現在の資本金の額又は出資金の額　10,000,000 円
同非区分　特定同族会社／同族会社／非同族会社

青色申告　一連番号
整理番号
事業年度（至）　年　月　日
売上金額　1,700百万円
申告年月日

平成・令和　2 年　1 月　1 日
令和　2 年 12 月 31 日
事業年度分の法人税　確定　申告書
課税事業年度分の地方法人税　確定　申告書
（中間申告の場合の計算期間　令和　年　月　日／令和　年　月　日）

適用額明細書提出の有無　有・無
税理士法第30条の書面提出有
税理士法第33条の2の書面提出有

	金額
所得金額又は欠損金額（別表四「48の①」） 1	319,689,80
法人税額 (53)+(54)+(55) 2	67,605,76
法人税額の特別控除額（別表六（六）「4」） 3	
差引法人税額 (2)-(3) 4	67,605,76
連結納税の承認を取り消された場合等における既に控除された法人税額の特別控除額の加算額 5	
土利 課税土地譲渡利益金額（別表三（二）「24」＋別表三（二の二）「19」＋別表三（三）「20」） 6	000
益課 同上に対する税額 (22)+(23)+(24) 7	
留保 課税留保金額（別表三（一）「4」） 8	
金金 同上に対する税額（別表三（一）「8」） 9	000
法人税額計 (4)+(5)+(7)+(9) 10	67,605,76
11	
仮装経理に基づく過大申告の更正に伴う控除法人税額 12	
控除税額 ((10)-(9)-(11)までの計とうち少ない金額) 13	183,78
差引所得に対する法人税額 (10)-(11)-(12)-(13) 14	65,76
中間申告分の法人税額 15	32,00
差引確定（中間申告の場合はその法人税額　税額とし、マイナスの場合は(16)へ記入）16	33,76

	金額
所得税の額（別表六（一）「6の③」） 17	183,78
外国税額（別表六（二）「20」） 18	
計 (17)+(18) 19	183,78
控除した金額 (13) 20	183,78
控除しきれなかった金額 (19)-(20) 21	
土地譲渡税額（別表三（二）「27」） 22	
同上（別表三（二の二）「28」） 23	
同上（別表三（三）「23」） 24	000
所得税額等の還付金額 (21) 25	
中間納付額 (15)-(14) 26	
欠損金の繰戻しによる還付請求税額 27	
計 (25)+(26)+(27) 28	
この申告が修正申告である場合のこの申告により納付すべき法人税額又は減少する還付請求税額 29	
31	
欠損金又は災害損失金等の当期控除額（別表七（一）「5の合計」）32	

	金額
所得の金額に対する法人税額 (9)+(9)+(10)×(10)の外書 33	67,605,76
課税留保金額に対する法人税額 (9) 34	
課税標準法人税額 (33)+(34) 35	67,60
地方法人税額 (58) 36	6,96,28
課税留保金額に係る地方法人税額 (59) 37	
所得地方法人税額 (36)+(37) 38	6,96,28
39	
外国税額の控除額（別表六（二）「50」） 40	
仮装経理に基づく過大申告の更正に伴う控除地方法人税額 41	
差引地方法人税額 (38)-(39)-(40)-(41) 42	6,96,28
中間申告分の地方法人税額 43	3,00,00
差引確定（中間申告の場合はその地方法人税額　税額とし、マイナスの場合は(43)へ記入）44	3,96,20

	金額
この申告による還付金額 (43)-(42) 45	
所得の金額に対する法人税額 (68) 46	
課税標準法人税額 (69) 47	
課税標準法人税額 (70) 48	000
剰余金・利益の配当（剰余金の分配）の金額	
残余財産の最後の分配又は引渡しの日	決算確定の日　令和　3　3　15

還付を受けようとする金融機関等　銀行・本店支店　金庫組合　出張所　農協漁協　本所支所　預金　口座番号　ゆうちょ銀行の貯金記号番号

※税務署処理欄

税理士署名押印　印

事 業 年 度 等	2・1・1 2・12・31	法 人 名	神楽坂産業株式会社

法 人 税 額 の 計 算

(1)のうち中小法人等の年800万円相当額以下の金額 ((1)と800万円× $\frac{12}{12}$ のうち少ない金額)	50	8,000,000	(50)の 15 % ~~又は 19 %~~ 相当額	53	1,200,000
(1)のうち特例税率の適用がある協同組合等の 年10億円相当額を超える金額 (1)－10億円× $\frac{12}{12}$	51		(51)の 22 % 相 当 額	54	
そ の 他 の 所 得 金 額 (1)－(50)－(51)	52	23,968,000	(52)の ~~19 % 又は~~ 23.2 % 相当額	55	5,560,576

地 方 法 人 税 額 の 計 算

所 得 の 金 額 に 対 す る 法 人 税 額 (33)	56	6,760,000	(56)の ~~4.4 % 又は~~ 10.3 % 相当額	58	696,280
課 税 留 保 金 額 に 対 す る 法 人 税 額 (34)	57		(57)の 4.4 % 又 は 10.3 % 相当額	59	

こ の 申 告 が 修 正 申 告 で あ る 場 合 の 計 算

法人税額の計算	この申告前の	所 得 金 額 又 は 欠 損 金 額	60		地方法人税額の計算	この申告前の	所 得 の 金 額 に 対 す る 法 人 税 額	68	
		課 税 土 地 譲 渡 利 益 金 額	61				課 税 留 保 金 額 に 対 す る 法 人 税 額	69	
		課 税 留 保 金 額	62				課 税 標 準 法 人 税 額 (68)＋(69)	70	
		法 人 税 額	63				確 定 地 方 法 人 税 額	71	
		還 付 金 額	64	外			中 間 還 付 額	72	
	この申告による	この申告により納付すべき法人税額 又は減少する還付請求税額 ((116)－(63))若しくは((16)＋(64)) 又は(64)－(28))	65	外			欠 損 金 の 繰 戻 し に よ る 還 付 金 額	73	
	この申告前の	欠 損 金 又 は 災 害 損 失 金 等 の 当 期 控 除 額	66				この申告により納付すべき 地 方 法 人 税 額 ((44)－(71))若しくは((44)＋(72)＋(73)) 又は((72)－(45))＋((73)－(45の外書)))	74	
		翌 期 へ 繰 り 越 す 欠 損 金 又 は 災 害 損 失 金	67						

図表5-2　「法人税申告書別表四」の様式

所得の金額の計算に関する明細書

事業年度　2・1・1 ～ 2・12・31
法人名　神楽坂産業株式会社

区分		総額 ①	処分 留保 ②	処分 社外流出 ③	
当期利益又は当期欠損の額	1	15,000,000	15,000,000	配当	
				その他	
加 算 損金経理をした法人税及び地方法人税(附帯税を除く。)	2	3,500,000	3,500,000		
損金経理をした道府県民税及び市町村民税	3	400,000	400,000		
損金経理をした納税充当金	4	8,000,000	8,000,000		
損金経理をした附帯税(利子税を除く。)、加算金、延滞金(延納分を除く。)及び過怠税	5	100,000		その他	100,000
減価償却の償却超過額	6	2,500,000	2,500,000		
役員給与の損金不算入額	7	1,000,000		その他	1,000,000
交際費等の損金不算入額	8	1,800,000		その他	1,800,000
特別償却準備金益金算入額	9	1,800,000	1,800,000		
次葉合計	10	9,135,200	9,135,200		
小計	11	28,235,200	25,335,200		2,900,000
減 算 減価償却超過額の当期認容額	12				
納税充当金から支出した事業税等の金額	13	2,500,000	2,500,000		
受取配当等の益金不算入額(別表八(一)「13」又は「26」)	14	200,000		※	200,000
外国子会社から受ける剰余金の配当等の益金不算入額(別表八(二)「26」)	15			※	
受贈益の益金不算入額	16				
適格現物分配に係る益金不算入額	17			※	
法人税等の中間納付額及び過誤納に係る還付金額	18				
所得税額等及び欠損金の繰戻しによる還付金額等	19			※	
次葉合計	20	8,750,000	8,750,000		
小計	21	11,450,000	11,250,000	外※	200,000
仮計 (1)+(11)-(21)	22	31,785,200	29,085,200	外※	200,000 / 2,900,000
関連者等に係る支払利子等又は対象純支払利子等の損金不算入額(別表十七(二の二)「24」又は「29」)	23			その他	
超過利子額の損金算入額(別表十七(二の三)「10」)	24	△		△	
仮計 ((22)から(24)までの計)	25	31,785,200	29,085,200	外※	200,000 / 2,900,000
合併等法人の最終の事業年度の欠損金の損金算入額	26	△			
寄附金の損金不算入額(別表十四(二)「24」又は「40」)	27			その他	
沖縄の認定法人又は国家戦略特別区域における指定法人の所得の特別控除額(別表十(一)「15」若しくは「13」又は別表十(二)「9」)	28			※	△
法人税額から控除される所得税額(別表六(一)「6の③」)	29	183,780		その他	183,780
税額控除の対象となる外国法人税の額(別表六(二の二)「7」)	30			その他	
分配時調整外国税相当額及び外国関係会社等に係る控除対象所得税額等相当額(別表六(五の二)「5の②」+別表十七(三の六)「1」)	31			その他	
組合等損失額の損金不算入額又は組合等損失超過合計額の損金算入額(別表九(二)「10」)	32				
対外船舶運航事業者の日本船舶による収入金額に係る所得の金額の損金算入額又は益金算入額(別表十(四)「20」、「21」又は「23」)	33			※	
合計 (25)+(26)+(27)+(28)+(29)+(30)+(31)+(32)±(33)	34	31,968,980	29,085,200	外※	200,000 / 3,083,780
契約者配当の益金算入額(別表九(一)「13」)	35				
特定目的会社等の支払配当又は特定目的信託に係る受託法人の利益の分配等の損金算入額(別表十(八)「13」、別表十(九)「11」又は別表十(十)「16」、「33」)	36	△	△		
中間申告における繰戻しによる還付に係る災害損失欠損金額の益金算入額	37			※	
非適格合併又は残余財産の全部分配等による移転資産等の譲渡利益額又は譲渡損失額	38				
差引計 (34)から(38)までの計	39	31,968,980	29,085,200	外※	200,000 / 3,083,780
欠損金又は災害損失金等の当期控除額(別表七(一)「4の計」+(別表七(四)「9」若しくは「21」又は別表七(五)「10」)	40	△		※	△
総計 (39)+(40)	41	31,968,980	29,085,200	外※	200,000 / 3,083,780
新鉱床探鉱費又は海外新鉱床探鉱費の特別控除額(別表十(三)「43」)	42	△		※	△
農業経営基盤強化準備金積立額の損金算入額(別表十二(十四)「10」)	43	△	△		
農用地等を取得した場合の圧縮額の損金算入額(別表十二(十四)「43の計」)	44	△	△		
関西国際空港用地整備準備金積立額、中部国際空港整備準備金積立額又は再投資等準備金積立額の損金算入額(別表十二(十五)「15」、別表十二(十六)「10」又は別表十二(十七)「12」)	45	△	△		
特別新事業開拓事業者に対し特定事業活動として出資をした場合の特別勘定繰入額の損金算入額又は特別勘定取崩額の益金算入額(別表十(六)「14」、「11」)	46			※	
残余財産の確定の日の属する事業年度に係る事業税の損金算入額	47	△	△		
所得金額又は欠損金額	48	31,968,980	29,085,200	外※	200,000 / 3,083,780

所得の金額の計算に関する明細書 （次　葉）		事業 年度	2・1・1 2・12・31	法人名	神楽坂産業株式会社		別表四
区　　　　　分		総　　　額	処		分		
			留　　保		社　外　流　出		
		①	②		③		
＜ その他加算の内訳 ＞		円	円		円		
一括評価／貸倒引当金の繰入限度超過額	1	1,035,200	1,035,200				
賞 与 引 当 金 繰 入 額 否 認	2	7,500,000	7,500,000				
一括償却資産損金算入限度超過額	3	600,000	600,000				
小　　　　　計		9,135,200	9,135,200				
＜ その他減算の内訳 ＞							
特 別 償 却 準 備 金 認 容 額	1	2,000,000	2,000,000				
一括評価／貸倒引当金の繰入限度超過額認容	2	150,000	150,000				
賞 与 引 当 金 繰 入 額 認 容	3	6,400,000	6,400,000				
一括償却資産損金算入限度超過額認容	4	200,000	200,000				
小　　　　　計		8,750,000	8,750,000				

　「法人税申告書別表一」では，法人税関係として，「所得金額」から「法人税額」と「租税特別措置法による税額控除」を控除して「差引法人税額」を記載した後に，「特定同族会社の特別税額」等を加算して「法人税額計」を求めて，その上で，「法人税法による税額控除」を控除して納税額を記載します。

　国税の法人税関係のほかに，地方法人税関係が記載されています。

　「法人税申告書別表四」では，「所得金額」を求めるための計算手順が記載されています。

　「別表四」におけるスタート金額は，株主総会等で承認を得て，損益計算書に計上していた「当期純利益」の金額です。

　「当期純利益」に損金不算入額と益金算入額を加算し，損金算入額と益金不算入額を減算し，所得控除額を差し引いて，最終的に「所得金額（または欠損金額）」を記載します。

　「別表四」で加算減算した項目のうち，翌期以降に繰り越される項目（留

図表5-3　「法人税申告書別表五（一）」の様式

利益積立金額及び資本金等の額の計算に関する明細書

事業年度　2・1・1 ~ 2・12・31　法人名　神楽坂産業株式会社

I　利益積立金額の計算に関する明細書

区　分		期首現在利益積立金額①	当期の増減 減②	当期の増減 増③	差引翌期首現在利益積立金額①-②+③④
利　益　準　備　金	1	3,000,000			3,000,000
積　立　金	2				
特別償却準備金認容額	3	12,600,000	△ 1,800,000	△ 2,000,000	12,400,000
一括評価/貸倒引当金の繰入限度超過額	4	150,000	150,000	1,035,200	1,035,200
賞与引当金繰入額否認	5	6,400,000	6,400,000	7,500,000	7,500,000
減価償却超過額	6			2,500,000	2,500,000
一括償却資産損金算入限度超過額	7	400,000	200,000	600,000	800,000
	8				
	9				
	10				
繰越損益金(損は赤)	26	22,200,000	22,200,000	37,200,000	37,200,000
納　税　充　当　金	27	10,500,000	10,500,000	8,000,000	8,000,000
未納法人税及び未納地方法人税（附帯税を除く。）	28 △	7,200,000	△ 10,700,000	中間 △ 3,500,000　確定 △ 3,772,900	△ 3,772,900
未納道府県民税（均等割額を含む。）	29 △	800,000	△ 1,200,000	中間 △ 400,000　確定 △ 253,200	△ 253,200
未納市町村民税（均等割額を含む。）	30 △		△	中間 △　確定 △ 0	0
差　引　合　計　額	31	47,250,000	25,750,000	46,909,100	68,409,100

（未納法人税等　納付の際の積立金を控除に含めに）

II　資本金等の額の計算に関する明細書

区　分		期首現在資本金等の額①	当期の増減 減②	当期の増減 増③	差引翌期首現在資本金等の額①-②+③④
資本金又は出資金	32	10,000,000			10,000,000
資　本　準　備　金	33	1,200,000			1,200,000
	34				
	35				
差　引　合　計　額	36	11,200,000			11,200,000

保項目といいます）については，「法人税申告書別表五（一）」に費目ごとにその増減を記載します。

5-3　申告漏れが判明した場合には修正申告をします！

　「確定申告書」を提出した後に，申告漏れ等で所得金額または税額を少な
く申告・納付していたことが判明する場合もあります。

　このような場合，その申告について税務署長の「更正」（後述されます）
があるまでに，「修正申告書」を提出することができます。

　修正申告を行ったときは，それまでに納付した税額と正しい税額との差額
（新たに納付すべき税額）を納めるとともに，「延滞税」も支払う必要があり
ます。

　なお，申告漏れのほかに，赤字法人の欠損金額が過大に計上されていた場
合，還付金を多く受け取っていたことがわかった場合にも，修正申告書を提
出できます。

　反対に，「確定申告書」を提出した後に，間違って所得金額または税額を
過大に申告・納付していた場合，欠損金額を過少に計上したり，還付金が少
なかったりする場合もあります。

　そのような場合には，確定申告書の提出期限から５年（欠損金額の過少計
上の場合には10年）以内に限って，正しい所得金額または税額に更正するよ
うに税務署長に請求することができます。これを**更正の請求**といいます。

5-4　納税申告の不正には課税処分が行われます！

(1)　正しく申告しないと更正や決定によって処分されます！

　法定申告期限内に納税申告書が提出されなかった場合，納税の申告内容が
正しくない場合には，税務署長は，納付税額の確定または納付税額の確定の
変更を補充的に行うことができます。これを**課税処分**といいます。

「課税処分」には，「決定」，「更正」と「再更正」があります。

決定とは，納税申告書の提出義務がある者が申告期限内に提出しなかった場合，税務署長が調査により課税標準・税額等を確定する処分をいいます。

更正とは，税務署長が申告書記載の課税標準・税額等を調査したところ，税務署長が確定する課税標準・税額等と異なるときに，これを正当な金額に変更する処分をいいます。これには，「増額更正」と「減額更正」があります。

再更正とは，税務署長が「決定」または「更正」を行使した後に，その決定または更正をした課税標準・税額等が過大または過少である場合に，調査により課税標準・税額等を変更する処分です。

決定または更正の手続きは「決定通知書」または「更正通知書」を送付して行い，その効力はその通知書の到達によって生じます。

更正・再更正ができる期間は，申告期限から5年を経過した日の前日までとなっています。

ただし，①申告期限内に申告がないときの決定，②納付税額を減少させる更正・再更正は10年，③偽りその他不正行為により租税逋脱の意図があるときの更正・再更正は7年，④決定後に行う更正・再更正に対しては5年とされています。

⑵　**不正行為には加算税や延滞税がかかります！**

①　過少申告の場合

税務署から申告漏れ等の指摘を受ける前に，自発的に「修正申告書」を提出すれば，ペナルティーを科されることはありません。

ただし，税務署から申告漏れ等を指摘されて修正申告したり，更正処分を受けた場合には，過少申告が発覚したペナルティーとして，次の算式によって**過少申告加算税**が課税されます。

過少申告加算税の額＝追加納付税額×10％＋（追加納付税額－期限内申告税額と50万円の多い金額）×5％

　過少申告につき，事実の隠蔽・事実の仮装による悪質な脱税行為が発覚した場合には，「過少申告加算税」に代えて**重加算税**が課されます。

　過少申告による重加算税の額＝追加納付税額×35％

　このほかに，納期限までに納税しなかったことから生じた利息相当額として，**延滞税**が課されます。

　「延滞税」の額は，原則として，法定申告期限の翌日から税金を完納する日までの期間の日数に応じて，未納税額に年7.3％（令和３年には2.5％）の利率で計算されます。

②　無申告の場合

　法定申告期限内に確定申告書を提出しなかった場合には，次の算式によって**無申告加算税**が課税されます。

　無申告加算税の額＝納付税額×15％（納付税額のうち，50万円を超える部分には20％）

　ただし，税務調査を受ける前に自発的に期限後申告した場合には，次の算式のように**無申告加算税は**軽課されます。

　無申告加算税の額＝納付税額×５％

　過少申告と同様に，無申告につき事実の隠蔽・仮装によって脱税した場合には，「無申告加算税」に代えて**重加算税**が課されます。

　無申告による重加算税の額＝追加納付税額×40％

　無申告加算税についても，過少申告加算税と同様の延滞税が課されます。

③　不納付の場合

　源泉徴収税を法定納期限までに完納しなかった場合には，次の算式によって**不納付加算税**が課税されます。

不納付加算税の額＝納付税額×10％

　ただし，税務調査があったことにより期限後申告した場合には，次の算式のように**不納付加算税**は軽課されます。

不納付加算税の額＝納付税額× 5 ％

　過少申告・無申告と同様に，不納付につき事実の隠蔽・仮装によって脱税した場合には，「不納付加算税」に代えて**重加算税**が課されます。

不納付による重加算税の額＝納付税額×35％

　不納付加算税についても，過少申告加算税・無申告加算税と同様の**延滞税**が課されます。

5-5 法人住民税・法人事業税も課税されます！

(1) 法人も住民税を支払う必要があります！

　道府県民税（住民税）・事業税・不動産取得税・自動車税・ゴルフ利用税等の「道府県税」，市町村民税（住民税）・固定資産税・軽自動車税・事業所税・特別土地利用税等の「市町村税」を徴収する機関は各都道府県・市町村であり，このような地方税は各地方公共団体から賦課・徴収されます。

　地方税法では，納税義務者・納税額を確定し，納税を告知することを**賦課**といい，告知後における地方税の完納までを**賦課徴収**と呼んでいます。

　「賦課徴収」を行う権限は各地方公共団体の長にありますが，実際には，任命された徴税吏員（職員）が賦課徴収を行っています。

　都道府県に事務所または事業所を有する法人は，法人住民税（道府県民税）の納税義務者として「法人割（ほうじんわり）」と「均等割（きんとうわり）」の合計額を納付しなければなり

ません。

　法人割とは，法人の所得金額に応じて算定された税額のことです。

　法人住民税の標準税率は1％ですが，地方公共団体は「条例」によって2％の「制限税率」を設けることができます。

　「地方自治の原則」に基づいて負担限度・地域的均衡等を保つために，「地方税法」で求める**標準税率**のほかに**制限税率**の設定が認められています。

　地方公共団体ごとの特別な事情（たとえば，災害復旧，地域開発等）によって，一定の範囲内で制限税率を適用することができるのです。

　法人住民税の**均等割**は，「資本金等の額」に応じて5段階で算定されます。

図表5－4　法人住民税の均等割の税率

資　本　金　等　の　額	税額（年額）
1,000万円以下の普通法人（および一般社団法人，一般財団法人，人格のない社団等）	2万円
1,000万円超1億円以下の普通法人	5万円
1億円超10億円以下の普通法人	13万円
10億円超50億円以下の普通法人	54万円
50億円超の普通法人	80万円

　なお，寮，宿泊所，クラブその他これらに類する施設を有する法人は，「均等割」を納付する必要があります。

　法人の場合，個人の場合に賦課徴収される「賦課課税方式」と違って，「法人割額」と「均等割額」を自ら計算・納付する**申告納税制度**が採用されています。

(2)　法人事業税とは何？

　事業税は，地方公共団体の行政サービスを受けている個人・法人の事業に対して，所得金額または収入金額を課税標準にして，都道府県に納税する地

図表5－5 「法人税申告書別表五（二）」の様式

租税公課の納付状況等に関する明細書

| 事業年度 | 2・1・1 〜 2・12・31 | 法人名 | 神楽坂産業株式会社 | 別表五(二) 令二・四・一以後終了事業年度分 |

税目及び事業年度		期首現在未納税額 ①	当期発生税額 ②	当期中の納付税額 充当金取崩しによる納付 ③	仮払経理による納付 ④	損金経理による納付 ⑤	期末現在未納税額 ①+②-③-④-⑤ ⑥
法人税及び地方法人税	1　・　・　／　・　・						
	2　31・1・1／1・12・31	7,200,000		7,200,000			0
	当期分 中間 3		3,500,000			3,500,000	0
	確定 4		3,772,900				3,772,900
	計 5	7,200,000	7,272,900	7,200,000		3,500,000	3,772,900
道府県民税	6　・　・　／　・　・						
	7　31・1・1／1・12・31	800,000		800,000			0
	当期分 中間 8		400,000			400,000	0
	確定 9		253,200				253,200
	計 10	800,000	653,200	800,000		400,000	253,200
市町村民税	11　・　・　／　・　・						
	12　・　・　／　・　・						
	当期分 中間 13						
	確定 14		0				0
	計 15		0				0
事業税	16　・　・						
	17　31・1・1／1・12・31		2,500,000	2,500,000			0
	当期中間分 18		1,200,000			1,200,000	0
	計 19		3,700,000	2,500,000		1,200,000	
その他 損金算入のもの	利子税 20						
	延滞金（延納に係るもの）21						
	22						
	23						
その他 損金不算入のもの	加算税及び加算金 24						
	延滞税 25						
	延滞金（延納分を除く。）26						
	過怠税 27		100,000			100,000	0
	源泉所得税等 28		183,780			183,780	0
	29						

納税充当金の計算

期首納税充当金 30	10,500,000	取崩額 その他	損金算入のもの 36		
繰入額 損金経理をした納税充当金 31	8,000,000		損金不算入のもの 37		
32			38		
計 (31)+(32) 33	8,000,000		仮払税金消却 39		
取崩額 法人税額等 (5の③)+(10の③)+(15の③) 34	8,000,000		計 (34)+(35)+(36)+(37)+(38)+(39) 40	10,500,000	
事業税 (19の③) 35	2,500,000		期末納税充当金 (30)+(33)-(40) 41	8,000,000	

方税（道府県税）です。

　法人事業税の納税義務者は事業を行うすべての法人ですが，法人の区分に応じて納税額が算定されます。。

　資本金または出資金の額が 1 億円を超える普通法人には，各事業年度の付加価値額に基づく**付加価値割**，各事業年度の資本金等に基づく**資本割**および各事業年度の所得金額に基づく**所得割**を合計して**外形標準課税**が行われています。

　ところが，資本金または出資金の額が 1 億円以下である普通法人（**中小法人**）等には，各事業年度の所得（**所得割**）を課税標準にして法人事業税が課税されます。

　標準税率は，各事業年度の所得に応じて次のように決められています。

　①　年400万円以下の金額：3.5％

　②　年400万円を超え800万円以下の金額：5.3％

　③　800万円を超える金額： 7 ％

　制限税率は，「標準税率」の1.2倍（外形標準課税対象法人には1.7倍）です。

　なお， 2 以上の都道府県に事務所または事業所を設置して事業を行っている場合には，その所得を一定の基準（たとえば，従業員数等）によって分割します。

　法人の場合，法人住民税と同様に，「所得割額」を自ら計算・納付する**申告納税制度**が採用されています。

　法人が納付する法人住民税・法人事業税，加算税等の内訳は，別表五（二）「租税公課の納付状況等に関する明細書」において明らかにしています。

⑶　企業版ふるさと納税により住民税・事業税がタダになります！

　地方創生の推進のために平成28年度税制改正によって導入されていました**企業版ふるさと納税**が，令和 2 年 4 月 1 日以後に支出する寄附金に対して改善され，適用期限も令和 7 年 3 月31日まで 5 年間延長されました。

　青色申告法人が，地域再生計画に記載される「まち・ひと・しごと創生寄

附活用事業に関連する寄附金」を支出した場合，その支出した寄附金の合計額から一定の法人事業税と法人住民税を税額控除でき，法人住民税からも控除できなかったときは，法人税から一定の税額控除を行うことができます。

図表5-6 企業版ふるさと納税の税額控除

【地方税控除税額】

地 方 税 の 税 目		税 額 控 除 額
法 人 事 業 税		支出寄附金額×20% （法人事業税の15%を上限とします）
法人住民税	法人道府県民税 法人税割	支出寄附金額×5.7% （法人税割の20%を上限とします）
	法人市町村民税 法人税割	支出寄附金額×34.3% （法人税割の20%を上限とします）

法人住民税から控除できない場合

【法人税控除税額】

国 税 の 税 目	税 額 控 除 額
法 人 税	次の金額のうち少ない金額（法人税額の5%を上限とします） ① 支出寄附金額×40% －法人住民税控除額 ② 支出寄附金額×10%

寄附金の合計に対して，地方税関係では全体で6割（＝20%＋5.7%＋34.3%）が控除割合となりますが，寄附金の損金算入額（支出額の約3割）を加えますと，支出額の約9割の税負担が軽減されることになります。

5-6　法人にはいろんな税金がかかります！

　法人が事業を行っている限り，いろいろな国税や地方税（道府県税と市町村税）を支払う必要があります。

　国税の税目として，たとえば，登記等（登記，登録，特許，免許，認可，指定および技能証明）を受ける場合には，**登録免許税**を納付しなければなりません。

　建物の登記（売買）には「不動産の価額」を課税標準として，税率は1,000分の20，支店設置の設立登記には支店数を課税標準として，税率は1箇所につき6万円です。

　株式会社の設立登記には「資本金の額」を課税標準として，税率は1件につき1,000分の7（15万円に満たない場合，申請件数1件につき15万円）です。

　契約書・領収書・約束手形等の「課税文書」を作成する場合には，課税文書の種類ごとに課される**印紙税**に相当する金額の「収入印紙」を貼付しなければなりません。

　たとえば，50億円を超える不動産の譲渡に関する契約書1件につき60万円，記載金額100万円の領収書・約束手形1通につき200円，株式会社の定款1冊につき4万円の税率で「印紙税」が課されています。

　自動車の車検を受ける場合には，**自動車重量税**が課されています。

　このような「国税」のほかにも，法人が支払わなければならない税金には，地方公共団体（「地方税法」では，地方団体といいます）が賦課徴収する**地方税**があります。

　地方公共団体が賦課徴収する地方税は「地方税法」により統一的に規定されていますが，憲法第94条により，地方公共団体に対して財産管理，事務処理および行政執行の権限が与えられ，法律の範囲内で**地方税**に係る「条例」を制定することができます。

　「地方税」の賦課徴収には，それぞれの地方公共団体が「地方税法」に基

づいて独自に「条例」を定めなければなりません。

　すなわち，地方税の税目，納税義務者，課税物件，課税標準，税率等を規定するには，各地方公共団体が「条例」を設ける必要があります。

　「条例」に基づいた地方税の税目として，たとえば，道府県税には不動産取得税・自動車税・鉱区税・ゴルフ利用税・軽油取引税等，市町村税には固定資産税・軽自動車税・鉱産税・特別土地利用税・事業所税・都市計画税・共同施設税等が賦課・徴収されます。

　不動産（土地と家屋）を取得した場合には，「不動産の価格」に４％（平成18年４月１日から令和３年３月31日までの間の所得には３％）の**不動産取得税**が課されます。

　固定資産（土地，家屋および償却資産）を所有している場合には，賦課期日における固定資産の価格で固定資産課税台帳に登録されている固定資産に**固定資産税**が課されます。

　「地方税法」における固定資産税の標準税率は1.4%，制限税率は1.7%ですが，原則として，30万円未満の土地，20万円未満の家屋および150万円未満の償却資産には「固定資産税」が課されません。

　東京都の特別区，指定都市等で事業所等を設けている場合には，**事業所税**が課されます。

　「事業所税」の税率は，事業所床面積１㎡につき600円（資産割）と従業者給与総額の0.25%（従業者割）の合計です。

　東京都の場合，**都税**は道府県民税に，**区税**は市町村税に該当しますが，「市町村税」として賦課・徴収される固定資産税・都市計画税・入湯税・特別土地保有税・法人都民税等は「都税」として徴収されます。

　「固定資産税」の対象となっている大規模建造物または法人の本店が特定の区に偏在していますので，特別区内の税収が特定の区に集中しないように，都が一括して徴収し，「財政調整交付金」の形で各特別区に適正な金額を配分することになっています。

5-7　法人は消費税も納税しなければなりません！

(1)　消費税の仕組みとは？

　広い意味での**消費税**とは，物品・サービスを購入・消費するという事実に対して課される租税であり，これには「直接消費税」と「間接消費税」があります。

　直接税とは，所得税・法人税・相続税・ゴルフ場利用税等のように，納税義務者と**担税者**（租税を実質的に負担する者をいいます）が一致する租税，つまり納税義務者と担税者が実質的に同一である租税をいいます。

　間接税とは，酒税・たばこ税等のように，租税を納税義務者から担税者へ移す（転嫁する）租税，つまり納税義務者と最終的な担税者が異なる租税です。

　「直接消費税」は，入湯税・ゴルフ場利用税等のように，納税義務者の消費行為そのものを担税者の課税対象にします。

　「間接消費税」は，事業者によって納付された租税が物品・サービスの価格に上乗せして最終消費者（納税義務者）に転嫁されています。

　間接消費税には，課税対象とされる物品・サービスの範囲の相違により，特定の物品・サービスのみを対象とする「個別消費税」，すべての物品・サービスを対象とする「一般消費税」に分けられています。

　わが国の「消費税法」における**消費税**は，製造から小売りまでの複数の取引段階で課税される「多段階一般消費税」（付加価値税）です。

　わが国の「消費税」では，EU型付加価値税と同様に，多段階課税を前提として「前段階税額控除方式」が適用されています。

　たとえば，事業者が商品販売を行うに際しては，消費税額を商品価格に含めることにより，最終消費者への「租税の転嫁」が予定されているために，仕入に係る消費税額（**仕入税額**といいます）は，売上に係る消費税額（**売上税額**といいます）から差し引くこととなっています。

納付税額＝売上税額$^{(イ)}$－仕入税額$^{(ロ)}$

(イ)　売上税額＝課税売上高×税率

(ロ)　仕入税額＝仕入高×$\dfrac{税率}{1＋税率}$

　つまり，ある課税期間における課税売上高に税率を乗じた「売上税額」から，当該課税期間における仕入高に消費税率を乗じた「仕入税額」を控除した差額が消費税の納付金額として計算されます。

　たとえば，消費税率を10%として，商品を110万円（消費税10万円込み，仕入高100万円）で仕入れ，165万円（消費税15万円込み，課税売上高150万円）で販売した場合，15万円の売上税額から10万円の仕入税額を差し引いた差額の5万円が消費税の納付金額となります。

　このように，「実額の売上税額」と「実額の仕入税額」を相殺して，実額税額で消費税の納付金額を算定する方式は**実額控除方式**と呼ばれ，「**本則課税**」となっています。

　なお，「基準期間」における課税事業年度の課税売上高に対して，消費税は課されることになっていますが，**基準期間**とは，法人の場合には，課税事業年度の前々事業年度をいいます。

　「基準期間」がない新設法人のうち，資本金または出資の金額が1,000万円未満である法人の設立事業年度と翌事業年度では，基準期間における課税売上高がないので，消費税の納税義務を免除され，**免税事業者**となります。

　資本金または出資の金額が1,000万円以上である新設法人に対しては，設立事業年度と翌事業年度には消費税の納税義務は免除されず，**課税事業者**として扱われます。

(2)　**前々年度の売上高5,000万円以下の場合には簡便な計算による概算控除ができます！**

　課税事業年度の前々事業年度である「基準期間」における課税売上高が5,000万円以下であった法人・事業者には，当該課税事業年度における消費

税の計算に「実額税額」を行わず，「みなし仕入率」による簡便な計算方法
が認められています。

　　納付税額＝売上税額－売上税額×みなし仕入率

　この制度を**簡易課税制度**といい，税務署長に適用を受ける届出書を提出す
れば，提出日の属する事業年度の翌事業年度以後の課税年度に適用できます。
　「みなし仕入率」は，図表 5 － 7 が示すように，業種によって異なります。

図表 5 － 7　みなし仕入率

業種区分	業　種　内　容	みなし仕入率
第一種事業	卸売業	90%
第二種事業	小売業	80%
第三種事業	農業，林業，漁業，鉱業，建設業，製造業（製造した棚卸資産を小売する事業を含みます），電気業・ガス業・熱供給業・水道業。ただし，加工賃その他これに類する料金を対価とするサービス提供を行う事業を除きます。	70%
第四種事業	おおむね飲食店業	60%
第五種事業	金融業，保険業，運輸通信業，サービス業	50%
第六種事業	不動産業	40%

　たとえば，前記の商品売買業（小売業）における消費税の納付税額は，次
のように課税売上高（すなわち売上税額）だけで計算されます。

　　納付税額：15万円－15万円×80％＝ 3 万円

　この場合，みなし仕入率の利用による概算控除額12万円（＝15万円×
80％）によって，実額税額よりは 2 万円（＝ 5 万円－ 3 万円）少なめに納付

することができます。

　みなし仕入率利用によって少なくなった消費税額は，一般的には**益税**と呼ばれています。

　簡易課税制度（みなし仕入率の利用）は選択適用できる制度ですので，本則課税で計算した実額税額と簡易課税制度を利用した概算税額を比較して，有利となる方法で申告納税するとよいでしょう。

(3)　**前々年度の売上高1,000万円以下の場合には消費税が免除されます！**

　前述しましたように，法人の場合には，「基準期間」は課税事業年度の前々事業年度ですが，「基準期間」における課税売上高が1,000万円以下であった**小規模事業者**には，当該課税事業年度には消費税の納税義務が免除されています。

　この制度は**事業者免税点制度**と呼ばれ，小規模事業者は「免税事業者」となります。

　したがって，「免税事業者」は実額税額を益税として納める必要はありません。

　また，「特定期間」における課税売上高が1,000万円以下である場合にも，当該課税事業年度には消費税の納税義務が免除されています。

　特定期間とは，法人の場合には，前年事業年度開始の日以後半年間をいいます。

　さらに，資本金または出資の金額が1,000万円未満である法人の設立事業年度と翌事業年度では，基準期間における課税売上高がないため，**免税事業者**となります。

　ただし，この場合，「特定期間」の課税売上高が1,000万円を超えるときは，「基準期間」における課税売上高が1,000万円以下であっても，消費税の納税義務は免除されません。

〈監修者・執筆者紹介〉

≪監修≫

菊谷正人（きくや　まさと）

法政大学名誉教授，会計学博士

租税実務研究学会会長，グローバル会計学会会長

会計税法塾（E-mail:actaxjuku@gmail.com　URL:https://www.actaxjuku.com/）塾長

公認会計士第二次試験試験委員（平成 9 年11月～平成12年11月）

財務会計研究学会元会長（平成23年11月～平成26年11月）

日本社会関連会計学会元理事・国際会計研究学会元理事・財務会計研究学会元理事・

日本租税理論学会元理事・日本簿記学会元理事・日本会計研究学会元理事

≪執筆≫

肥沼　晃（こいぬま　あきら）

税理士・行政書士，租税実務研究学会監事

肥沼会計事務所

〒120-0034　東京都足立区千住 2 −54　須川ビル 6 階

TEL：03-5813-8331　　FAX：03-5813-8335

E-mail：a.koinuma@nifty.com　　URL：http://www.koinuma-kaikei.jp/

一由俊三（いちよし　しゅんぞう）

税理士，租税実務研究学会理事

アキュレイトパートナーズ税理士法人

〒162−0825　東京都新宿区神楽坂 3 − 4 − 1　山本ビル 3 階

TEL：03-6265-0601　　FAX：03-6265-0602

E-mail：ichiyoshi@tkcnf.or.jp　　URL：https://ichiyoshi.tkcnf.com/

佐野哲也（さの　てつや）

税理士

佐野哲也税理士事務所

〒183-0005　東京都府中市若松町 2 － 6 －15

TEL：042-316-8844　　FAX：042-316-8845

E-mail：sano@ts-tax.com　　URL：http://ts-tax.com/

齋藤一生（さいとう　いっせい）

税理士

税理士法人センチュリーパートナーズ

〒150-0022　東京都渋谷区恵比寿南 2 －21－ 2 　　恵比寿サウスヒル301

TEL：03-6712-2680　　FAX：03-6712-2684

E-mail：i.saito@century-partners.jp　　URL：https://www.century-partners.jp/

中小企業の節税へのヒント
使える「税務の特例」教えます

2021年4月9日　第1版第1刷発行

監修者　菊　谷　正　人
著　者　肥　沼　由　俊
　　　　一　　　　　　三也
　　　　佐　野　哲　生
　　　　齋　藤　一　生
発行者　山　本　　　継
発行所　㈱中　央　経　済　社
発売元　㈱中央経済グループ
　　　　パブリッシング

〒101-0051　東京都千代田区神田神保町1-31-2
電　話　03(3293)3371(編集代表)
　　　　03(3293)3381(営業代表)
https://www.chuokeizai.co.jp
印刷／文唱堂印刷㈱
製本／㈲井上製本所

© 2021
Printed in Japan